MÉMOIRES SECRETS

DE

TROPPMANN

PARIS. — IMP. ROUGE FRÈRES, DUNON ET FRESNÉ.
Rue du Four-Saint-Germain, 43.

MÉMOIRES SECRETS

DE

TROPPMANN

AUTOGRAPHE ET PORTRAIT

RÉVÉLATIONS NOUVELLES

PRÉFACE PAR

Charles VIRMAITRE

PARIS

ALFRED DUQUESNE, ÉDITEUR

16, rue Hautefeuille, 16

1870

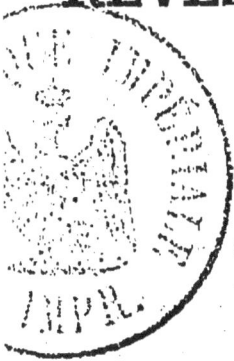

Jean-Baptiste Troppmann.

AUTOGRAPHE DE JEAN-BAPTISTE TROPPMANN.

J'ai cherché la fortune et la célébrité, je n'ai eu que la célébrité, et j'ai payé de ma tête

PRÉFACE

PRÉFACE

Un matin, le 20 septembre 1869, un bruit
sinistre circula tout à coup dans Paris, et,
grâce au télégraphe, le jour même dans le
monde entier.

On venait de découvrir six cadavres : une
mère et ses cinq enfants, encore tièdes, presque palpitants, enterrés à fleur de terre
dans la vaste plaine de Pantin, aux portes de
Paris, à peu de distance du fort d'Aubervilliers, à proximité du chemin de fer, et presque sur la grande route.

Immédiatement, les journaux avides d'actualités, racontent, commentent le crime. Mille suppositions, plus folles les unes que les autres, éclosent et se heurtent, et finalement se contredisent : les uns disent que c'est une bande organisée qui débute, d'autres affirment que la plaine est le cimetière *des carrières d'Amérique.*

Les *reporters* partent en campagne, la police organise une battue dans les cabarets borgnes, dans les bouges qui pullulent dans la banlieue, elle arrête des masses d'individus : mendiants, vagabonds, etc., etc., mais elle est forcée de les relaxer aute de preuves.

Rien, pas un indice, rien !

Qui est cette famille assassinée?

D'où vient-elle?

Où allait-elle?

Le lendemain du crime, on vendit les photographies de l'assassin qu'on ne connaissait pas, on vendit les photographies de la famille assassinée, c'était hideux, horrible, on causait du crime et on achetait tout ce qui en parlait, non par épouvante, non par amour de la justice, mais par curiosité, par un besoin insatiable d'émotion.

Cet assassinat fut un prétexte à d'odieuses spéculations, et quantité de gens sans préjugés empochèrent des louis qui rappelaient de bien près l'impôt de Vespasien.

Voilà bientôt quatre mois que ce crime a été commis, et l'attention du public est encore subjuguée comme au premier jour, les préoccupations politiques les plus graves se sont effacées pour ainsi dire devant la personnalité de Troppmann.

Troppmann a eu la puissance d'éclipser l'astre Rochefort et ses satellites.

Qu'est-ce que Troppmann?

Ses *Mémoires* nous le révéleront.

Aujourd'hui la justice a prononcé, il faut s'incliner devant sa décision, mais cela prouve-t-il que le dernier mot de ce mystérieux procès soit dit? Assurément non, et puisque dans cette affaire la Providence a joué un si grand rôle, espérons qu'elle le continuera.

La Providence nous apparait d'abord sous la forme du cultivateur Langlois.

Ce brave homme ayant récolté ses légumes allait rarement à son champ.

Par hasard il y va le lundi 20 septembre, il voit sur le sol des traces de sang et un bout de foulard qui sortait de terre, il n'y prête d'abord aucune attention ; stimulé par sa femme, il découvre les six cadavres.

— S'il avait plu, a dit Langlois, il n'y avait plus de trace !

Le gendarme Ferrand rencontre *par hasard* en cherchant des déserteurs, dans les cabarets du Havre, un homme dont les démarches et les allures lui semblent suspectes, il lui demande ses papiers..... Troppmann, car c'était lui, hésite, se trouble, pâlit ; le gendarme l'arrête sur un simple soupçon, quand la police, suivant l'acte d'accusation, *ne songeait pas à lui.*

Troppmann profite d'un embarras de voiture, il se sauve sur le quai et se précipite dans l'eau... le calfat Hauguel était *par hasard* assis sur un banc, il se jette à l'eau, et, après une lutte, terrible, suprême, *sauve* le quasi-noyé.

Le garçon boucher Huck va, huit jours après le crime, flâner *par hasard* dans la plaine, piétinée, foulée, *durcie* par les pas de deux cent mille curieux et s'aperçoit tout à coup que *le terrain mouve;* stupéfait, il appelle, et, à ses cris, la foule curieuse accourt, se penche anxieuse sur le sol, chacun fouille avec ardeur l'endroit mouvant, tout est un outil : les mains, les cannes, les canifs, les couteaux, c'est une rage, un acharnement inexprimable. Après quelques minutes de recherches, à quelques centimètres de profondeur, un cadavre apparaît, la foule s'écrie : « C'est Gustave Kinck ! » En effet, c'était lui, mutilé, sanglant, tuméfié, souillé de boue, un long couteau rouillé, planté dans la gorge et soudé à la peau.

Ce n'est pas tout, quelqu'un, un journaliste, je crois, signale qu'il y a dans une gare de chemin de fer ou dans un bureau d'omnibus deux colis oubliés, un employé les prend *par hasard*, les examine, ils portaient le nom de Jean Kinck !

Troppmann arrêté, on le transfère à Mazas, et enfin, aidé du hasard ou de la Providence, comme vous voudrez, on commence l'instruction.

Où est le huitième cadavre ?

On le cherche partout, à Pantin, à Guebwiller, rien, la terre est muette et les morts
ne parlent pas.

Après'bien des réticences, Troppmann indique la place où est enterré Jean Kinck ; la
police se transporte sur les lieux, rien, toujours rien.

Enfin, Troppmann précise davantage, on
recommence les fouilles, et, guidé par une
nuée de corbeaux qui flairaient la chair, on
arrive au résultat tant désiré.

Le 28 décembre, les débats de cette lugubre affaire s'ouvrirent devant la Cour d'assises de la Seine, présidée par M. le conseiller
Thévenin.

Nous ne suivrons pas Troppmann devant
ses juges, il nous dira lui-même plus loin 'ses
impressions.

Je m'étais toujours représenté la Cour
d'assises, comme un lieu sévère interdit aux
curieux passionnés. Je m'étais trompé ; pour
l'affaire Troppmann, la Cour d'assises avait
été décorée par un tapissier tout comme les
salons de l'hôtel de ville pour un gala de
princes. Dans le prétoire on remarquait au

premier rang : des femmes du monde, des actrices à la mode, des courtisanes connues, armées de lorgnettes, trépignant d'impatience comme au spectacle, applaudissant ou murmurant comme à un drame de Dennery, ou comme à une comédie de Dumas fils, sans respect aucun pour le misérable assis au banc des accusés, et essayant de défendre sa tête contre le procureur général.

Cette curiosité malsaine est une chose honteuse, elle peint à merveille notre époque ; c'est bien là l'expression de ces gens blasés, pour qui tout est prétexte, et qui n'ont de sensation que dans l'horrible ; qu'ont-ils donc dans les veines, ces gens-là ? Ne craignent-ils pas qu'un mouvement de colère ne les jette un jour à cette place, en pâture aux raffinés énervés, avides de sensations qu'on ne trouve qu'en un pareil lieu ?

D'ailleurs la majesté de la justice, la manifestation de la vérité, l'impartialité en souffrent, les jurés sont des hommes, et l'opinion publique n'a pas le droit de se prononcer sans que la conscience des arbitres d'une destinée soit influencée.

Un homme est criminel, criminel odieux, monstrueux, soit, c'est un homme. La passion ou la folie a pu le conduire là, la foule n'a pas le droit de s'ériger en juge, elle n'a que le devoir de se taire ; la société ne se venge pas, elle punit ; agir autrement serait un crime.

Au milieu de l'auditoire, Capoul langou-reux et musqué attirait l'attention des fem-mes, elles se montraient l'oiseau bleu, oubliant une minute l'accusé, l'horrible pour le ridi-cule ; allons, le cœur se soulève.

Ah ! j'oubliais : la foule, avide de *voir*, *mur-mure* quand l'accusé baisse la tête, et quand il tarde à paraître, elle crierait volontiers : la toile.

Troppmann a vingt ans à peine, son visage est jeune, mais, malgré cela, il porte bien son âge, il a le nez mince, droit et saillant, le contour du front, d'une hauteur ordinaire, forme une légère courbe qui se continue par la partie inférieure du visage ; il a la bouche large et assez saillante, le menton long, le nez est droit, long et mince, l'extrémité re-levée, les narines sèches et de puissantes maxillaires.

Le nez, les lèvres, la mâchoire méritent une grande attention.

Les lèvres indiquent non les instincts féroces, mais la résolution, l'obstination, la fixité de *l'appétence*.

L'œil est petit, un peu terne, très-couvert; l'oreille est assez délicate, roulée en coquille, le bourrelet fin, le lobe gras, rosé comme le visage d'une jeune fille.

Son teint est uni d'un blanc mat, sa lèvre supérieure est ombragée d'une moustache brune, naissante, ses cheveux sont châtain clair, assez fournis et bien plantés.

Comme taille, il est court et épais; il a les épaules larges et le dos légèrement *voûté*, sa voix est sourde, cassée comme celle de tous les gens habitués à travailler au bruit des machines.

Ses brassont extrêmement longs, des bras de bossu; les mains sont énormes et d'une conformation toute particulière, aucun travail ne peut les avoir développées ou déformées à ce point.

Elles méritent une attention spéciale.

Elles sont épaisses et très-larges, les doigts

sont d'une grosseur et d'une longueur extra
ordinaire, le pouce a une forme singulière: au
lieu de se séparer des autres doigts, il se
trouve placé le long de l'index, et n'atteint
que le milieu de la seconde phalange de ce
doigt. On dirait une pince de homard.

Sur cette main il serait impossible, même à
un maître, d'établir le caractère de Troppmann.

C'est un caractère étrange, indéfinissable ;
pour le mieux faire connaître, je conserve
leurs formes à ses récits, récits qui respirent
parfois la plus grande férocité, et quelques
lignes avant ou après une naïveté enfantine,
en d'autres passages la haine s'exhale comme
un brouillard malsain, et à côté l'amour
filial déborde, mais par-dessus tout une chose
domine :

Le besoin de posséder !

C'est une pensée incessante, dominante,
absorbante, peut-être la clef de l'énigme.

Voilà ma tâche accomplie, mon personnage
n'avait malheureusement pour lui pas besoin
de moi pour entrer en scène; néanmoins,
l'avouerai-je? cette étude m'a séduit, j'aurais

voulu posséder la science de Gall ou de Mesmer pour l'approfondir, car il est impossible que, sous cette tranquillité apparente que quelques-uns prennent pour du cynisme, il n'y ait pas un mystère.

Dieu ne crée pas un être semblable, sans qu'il n'ait une qualité compensatrice.

La société souvent porte le poids de sa négligence, et c'est un peu sa faute quand un pareil crime ensanglante une époque ; l'homme ne naît pas criminel, il est mal dirigé, voilà tout, mais il est plus simple de punir que de prévenir,

CH. VIRMAITRE.

I

Mon enfance.

—

Je suis venu au monde à Cernay, le 5 octobre 1849, le dernier, c'est assez dire que j'étais le benjamin de la maison.

Un de plus dans une pauvre famille d'ouvrier, c'est une rude charge, un surcroît de privations, souvent la cause qu'on ne l'accueille pas toujours joyeusement ; mais chez nous il n'en fut pas de même : « On travaillera une heure de plus, dit le père, et d'ailleurs quand il y en a pour quatre, il y en a pour cinq ; on se serrera un peu plus à table. »

Quand un prince naît, on illumine, on chante des *Te Deum* et parfois on tire le canon en signe de réjouissance ; les princes voisins et amis en-

voient des cadeaux et des félicitations à la mère;
au contraire, quand l'un de nous vient au monde
rogner la part des autres, la mère coupe ses
chemises pour faire des couches, ses jupons
pour faire des brassières, et les couvertures du
ménage pour faire des langes.

Ainsi va le monde : ce qui est joie pour les
uns est douleur ou gêne pour les autres.

Je grandis tout doucement, choyé par mes
courageuses sœurs; mon frère, pour me distraire
et m'empêcher de pleurer, me roulait dans une
petite brouette que notre père m'avait fabriquée
dans ses heures de loisirs, heures bien rares, hélas!

Je me souviens que, quand il ne marchait pas
à ma guise ou qu'il me versait sur le sable de la
route, je le frappais avec une petite baguette.
Pauvre frère! quelquefois je lui faisais bien
mal, il n'osait pas pleurer, lui l'aîné; moi, au lieu
de le consoler, je riais à gorge déployée. Ce
n'était pas méchanceté.

On m'avait tant gâté !

Il est bien loin, ce temps-là ; pourtant il me
semble que c'était hier. Depuis mon isolement
à Mazas, mon passé m'apparaît lumineux, trans-
parent, il défile dans mon imagination comme
les personnages d'une lanterne magique; les
moindres détails de mon existence me revien-
nent en mémoire.

C'est qu'aussi j'ai si peu de temps à vivre que la pensée en profite, tout se heurte dans mon cerveau.

Les idées bouillonnent dans ma tête comme l'eau dans la chaudière, on dirait qu'elle va éclater.

Vers dix ans on me mit à l'école. J'étais si chétif, si malingre, que je devins bientôt le souffre-douleur de la bande impitoyable qu'on appelle les camarades d'école. Si une faute était commise, c'était moi; volait-on les pommes dans le verger, c'était encore moi, on me chargeait de tous les méfaits possibles et impossibles.

Le maître d'école était un brave homme, doux et inoffensif, plus expert dans l'art de préparer un plat de choucroute que dans celui d'élever les moutards, ce n'est pas lui qui fera monter le niveau de l'intelligence.

Il fumait toute la journée dans une grande pipe en porcelaine, une vraie pipe de famille; à force de fumer, il avait noirci les parois de la salle d'étude, on aurait juré une vieille taverne hollandaise.

Les *grands* enseignaient aux petits ce qu'ils savaient, je vous assure que c'était peu de chose et qu'aucun de nous n'aurait pu concourir au baccalauréat.

Je vivais naturellement et forcément à l'écart,

je restais des heures, des journées entières comme perdu dans le vague, dans l'infini, je jouais rarement avec les enfants de mon âge.

Je songeais constamment.

Ce genre de vie me rendit mélancolique, impressionnable à l'excès. Un orgue de Barbarie, un chien aboyant me faisaient pleurer sans que je puisse expliquer cette sensation.

J'avais peur des fantômes, je n'aurais pas osé descendre à la cave sans lumière, seul la nuit j'avais des frissons.

A côté de cette sensibilité, j'avais des accès de colère terribles, des accès de rage, je déchirais mes cahiers, mes livres, je cassais les branches sur mon passage, je détruisais les nids des petits oiseaux, je battais les *petits*, me vengeant sur eux des misères que me faisaient subir les *grands*.

Quand leurs parents allaient se plaindre à ma mère, elle me montrait une poignée de verge, puis quand ils étaient partis, elle m'embrassait affectueusement.

Souvent je faisais l'école buissonnière, car pour aller à la classe il fallait passer par de jolis petits chemins, bordés de haies fleuries et parfumées au printemps, en été vertes comme l'émeraude et rouges de fruits en automne.

Je me rappelle un petit bouquet de grands

arbres si vieux, si cassés, si paralysés, que le chemin avait dû les trouver là. Combien de fois abrité par eux, mon carton d'un côté, mon panier et mes tartines de l'autre, me suis-je endormi en songeant!

En songeant!

J'étais bien jeune, mais j'avais lu dans un vieil almanach qui traînait sur notre cheminée, qu'avec beaucoup d'argent on pouvait avoir toutes sortes de belles choses, toutes les jouissances de la vie, que le père n'aurait plus besoin d'aller à l'atelier, aussi matinal que le coq du fermier voisin ; la mère de se rougir les yeux à travailler à la lueur d'une mauvaise chandelle pour gagner une dizaine de sous!

J'avais lu que beaucoup d'hommes partis de l'atelier, de la charrue ou de la chaumière, avaient, par des *inventions*, gagné ce que le hasard de la naissance donne aux riches.

Je songeai !

Je pris la classe en dégoût; je m'isolai de plus en plus, mon caractère s'assombrit davantage, et j'implorai comme une grâce qu'on me fît apprendre un état.

On me demanda ce que je voulais faire.

Je répondis hardiment : mécanicien!

J'avais compris que pour faire fortune, il faut être fort, je choisissais ce métier, parce qu'au contact d'êtres robustes, il fallait que je le devinsse.

Toute ma famille sourit : — Mécanicien ! mais tu es trop faible, mon garçon, il faut que tu mange encore de la soupe ; tu ne sais donc pas que c'est le plus rude des métiers ? Du matin au soir, tordre, allonger, raccourcir, en un mot, façonner une lourde barre de fer, tu manques de tout pour un semblable métier.

N'en parlons plus.

Je répondis : Je veux être mécanicien.

Quelques temps se passèrent, je démontai le vieux coucou avec mon couteau, toute la journée je frappai avec un marteau, je fis des fers de toupies avec des vieux clous, je tirai le soufflet chez le maréchal, personne ne pouvait venir à bout de moi.

Voyant ma volonté indomptable, on me mit enfin en apprentissage.

II

L'atelier.

—

J'entrai comme apprenti dans l'atelier dirigé par mon père; il occupait de nombreux ouvriers. C'était un atelier cosmopolite. On y parlait à peu près tous les idiomes, chaque peuple y avait apporté sa science et ses vices. C'était un triste milieu pour un enfant.

Si à l'école j'avais été le souffre-douleur de mes camarades, à l'atelier je devins l'esclave de mes compagnons.

L'esclave, je devrais dire la victime !

Levé le matin avant l'aube, été comme hiver, quelque temps qu'il fît, neige ou vent, pluie ou grêle, j'arrivais à mon travail vêtu d'une cotte et d'une blouse de toile bleue, mon pain sous mon bras, le pain de la journée, et quel pain ! noir plutôt que bis, collant à la gorge comme au couteau. Le soir, je quittais l'atelier après tout le monde, harassé, moulu, brisé; dame ! douze heures debout, sans paix ni trêve, à droite, à gauche, de haut en bas, partout.

— Petit, ici, apporte-moi un marteau.

— Petit, une lime douce.

— Petit, va me chercher du tabac.

— Petit, un coup de main...

L'apprenti, c'est comme le coin qui fend le chêne, il faut qu'il se brise ou qu'il résiste.

S'il se brise, la fosse commune; s'il résiste, c'est une question de temps, mais la misère et la fosse commune sont toujours au bout.

Je résistai.

Mon apparence chétive disparaissait peu à peu au contact de ces brutes, je devins fort et adroit.

Si je m'améliorais au physique, il n'en était pas de même au moral: la tyrannie incessante qui pesait sur moi, me faisait fuir les hommes; ce qui les amusait, pour moi c'était de l'ennui. Le samedi, quand ils allaient au cabaret, boire et chanter, je m'enfuyais comme un lépreux; j'allais lire en cachette, non pas tous les livres qui me tombaient sous la main, j'avais un auteur de prédilection : Eugène Sue.

La maison de la famille Kinck, à Roubaix.

C'est dans *le Juif Errant* que je fis mon apprentissage de la vie.

Les romans ne sont pas dangereux quand on les lit tous; l'un efface l'autre; au milieu de mille combinaisons, de mille intrigues, le lecteur ne s'attache à aucune. Son esprit est charmé momentanément, il ne lui en reste rien, pas même le temps, puisqu'il s'envole...

Dans le *Juif Errant* une chose surtout s'était fixée dans mon imagination; au lieu de frémir d'horreur, aux exploits ténébreux de Rodin, j'admirais sa conception hardie, et je trouvais que c'était un homme, un grand homme.

Supprimer une famille, individu par individu, et entasser, comme le dit mon avocat, deux cents millions dans un cercueil me semblait sublime.

Je songeai!

Dans mon jeune cerveau, doucement, insensiblement, germaient des idées d'ambition; peu à peu elles prenaient corps; je rêvai; mais le réveil était terrible: la réalité, c'était la cloche et le travail comme le cheval du manége.

Comme c'est drôle une société civilisée! Et comme les hommes comprennent mal la mission qui leur incombe vis-à-vis des enfants.

Mais celui qui n'aurait pas des instincts pervers, l'atelier lui en inculquerait: la promiscuité démoralise ; c'est passé à l'état d'axiome ; mais on ne change rien, c'est plus facile.

Au milieu de toutes mes misères, de toutes mes déceptions, une chose me consolait : j'aimais ma mère, je l'adorais ; pour elle j'aurais brûlé le monde entier, sans un regret ; j'aurais accompli les douze travaux d'Hercule, fait des prodiges, des miracles ; à la moindre indisposition j'étais anxieux, désespéré. Ma vie pour la sienne m'eût semblé une chose toute simple.

A la fête du pays, j'avais toujours un cadeau à lui faire : un mouchoir d'indienne, tout ce qui pouvait, en un mot, lui faire plaisir.

Pauvre mère ! . . . Mais continuons.

. . . .

. . . . . C'est drôle, les larmes me viennent aux yeux, je ne vois plus mon papier ; il me semble que sa figure sévère, vieillie, ridée par la souffrance, est là, devant moi. . . . Pauvre mère ! et vous, mères qui me lisez, priez Dieu pour elle ; car si le sang pouvait se laver avec les larmes, elle a tant pleuré que je serais blanc comme neige, en paraissant devant le Juge suprême.

Mon apprentissage fini, un matin mon père me dit :

— Garçon, il faut voyager. On ne devient ouvrier qu'à cette condition : tu vas faire le *tour de France ;* ta mère t'a apprêté ton sac, tu partiras demain.

J'étais joyeux, j'allais gagner de l'argent !

Le lendemain, mon sac sur le dos, mon bâton à la main, un beau bâton de houx cueilli dans la forêt de Wattewiller, j'étais prêt à partir. Ma mère m'embrassa en pleurant, et, en me serrant la main, elle me glissa ses économies, le fruit de ses veilles, une pièce de vingt francs toute neuve ; elle me recommanda d'être honnête.

Je partis.

Au bas de la côte, je m'assis et regardai du côté de la maison : tout le monde était sur la porte, me faisant signe de la main, me jetant un dernier adieu.

Lorsque je me vis seul, une soudaine révolution s'opéra en moi : je devins subitement homme. Je comprenais que désormais il fallait me suffire, que j'allais être seul dans la vie.

Je me dirigeai sur Paris, où j'arrivai en décembre 1868.

J'allai loger à Pantin, rue du Chemin-Vert.

Si j'avais dû juger Paris sur le quartier que j'habitais, j'en aurais eu une bien mauvaise opinion.

Quel triste quartier ! Des masures, des haillons, et, pour changer, des haillons et des masures.

Je ne fréquentais presque personne ; l'éloignement de ma famille n'avait pas modifié mes habitudes : j'avais horreur de mes camarades, dont le seul plaisir était de boire ; je n'avais d'ailleurs pas grand mérite à cela : je n'aime ni 'e vin ni l'eau-de-vie.

Pourtant un soir, il gelait à pierre fendre, j'étais entré dans un cabaret pour me réchauffer; par contenance, j'avais demandé un litre de vin.

C'était **un drôle de cabaret.**

Plusieurs lampes fumeuses éclairaient la salle; il y avait un grand poêle en fonte ayant la forme d'une cloche ; il était chauffé à blanc. Il faisait, dans ce taudis, une chaleur horrible. L'haleine des buveurs se condensait sur la vitre froide ; la fumée bleuâtre des pipes obscurcissait la salle, un brouillard chargé de miasmes infects, se dégageait de partout et donnait une teinte sombre et lugubre aux objets qui m'environnaient.

Machinalement, je bus mon litre. Tout cela était nouveau pour moi. Deux individus vinrent sans façon s'asseoir à ma table.

La conversation s'engagea.

Ils parlaient français, mais dans leur conversation se glissaient des termes bizarres, étranges, incompréhensibles pour moi.

J'avais la gorge desséchée. Je redemandai un autre litre.

Bref, en sortant du cabaret avec mes nouveaux amis, l'air et le froid me saisirent, j'avais la tête lourde et les jambes faibles ; tout dansait en rond devant moi, les maisons et les grands arbres exécutaient une folle sarabande.

J'avais peine à me tenir debout, j'éprouvais un malaise indéfinissable.

Après avoir marché quelque temps, mes compagnons me quittèrent ; le cœur me tournait et mes yeux se fermaient.

Quand je me trouvai seul, j'eus le frisson ; au lieu d'aller droit devant moi, je pris à gauche et je coupai à travers champs.

Au bout de quelques minutes, tant bien que mal, étant tombé souvent, j'arrivai à un petit chemin et je vis tout à coup une grande lueur rougeâtre, sinistre, puis des hommes armés de longues perches alimentant le feu, d'autres circulant comme des ombres, sans bruit, apportant le bois par brassées.

Instinctivement je m'arrêtai. Je me couchai par terre et je ne tardai pas à m'endormir.

Dans le milieu de la nuit, je fus réveillé en sursaut par un vigoureux coup de pied. Je saisis la jambe du brutal, au bout, il y avait un homme que je reconnus.

Mon compagnon du cabaret.

— Tu vas crever de froid, me dit-il.

Je me frottai les yeux, ne sachant si j'étais le jouet d'un mauvais rêve.

Enfin, il fallut bien me rendre à l'évidence.

— Où suis-je? dis-je à mon compagnon.

— Blagueur, me répondit-il, tu veux donc faire poser les amis?

— Je vous jure que j'ignore où je suis.

— Tu es aux carrières d'Amérique.

Cela ne m'apprit rien de plus.

Mon compagnon jugea mon étonnement réel. Il m'expliqua que les carrières étaient le rendez-vous des gens sans domicile, que l'hiver on y trouvait un refuge et un bon feu, et l'été une excellente fraîcheur dans les caves; il ajouta même en riant : « Les vagabonds, c'est pas comme le vin, la cave, ça ne les bonifie pas! »

J'étais dégrisé, j'avais peur, et, en m'en allant, je me demandai comment, en plein Paris, de pareilles choses pouvaient exister, car enfin les carrières, c'est la pépinière du crime, c'est l'écol qui fournit les assassins et les voleurs, c'est l'enseignement mutuel des vices les plus immondes, et, plus d'une fois, en me promenant dans le parc des buttes Saint-Chaumont, je songeai que ceux qui foulent le sable fin des allées du parc, ou qui se prélassent sur des coussins moelleux, dans un excellent huit-ressorts, qui prennent le frais et cherchent l'ombre des arbres exotiques, qui s'émerveillent à la vue des eaux jaillissantes, ne se doutent guère qu'auprès d'eux on complote peut-être leur perte !

A Pantin, ma vie était calme, partageant mon temps entre la lecture et le travail ; pourtant, j'étais inquiet, je trouvais sans cesse sur mon passage l'inconnu des carrières.

En mars 1869, je partis pour Cernay.

Je revis ma pauvre mère, mais notre réunion ne fut pas de longue durée.

Il me fallut bientôt partir pour Roubaix. Ma mère m'accompagna comme la première fois.

Là, comme à Paris, je ne me liai avec personne.

Un soir, que j'errais au hasard dans les rues de la ville, j'entrai dans un cabaret, j'avais envie de faire une partie de piquet.

Je m'assis à une table, et, quelques minutes après, je vis entrer un inconnu qui avait l'air d'un bon enfant ; il vint justement se placer à côté de moi.

L'inconnu demanda une chope, j'en demandai une également. A mon accent, il se retourna et me regarda en dessous pendant un instant ; il leva alors son verre pour boire et me dit, en le rapprochant du mien :

— A votre santé, camarade.

— A la vôtre, répondis-je.

— Vous êtes alsacien? me dit-il.

— Oui.

— Quel métier faites-vous ?

— Je suis mécanicien.

— Ah! ça se trouve bien, moi aussi.

— Si, pour tuer le temps, lui dis-je, nous jouions quelque chose?

— Je veux bien.

Nous fîmes quelques parties de piquet, et le café fermant, nous nous promenâmes bras dessus bras dessous, comme deux vieux amis, en causant de choses et d'autres, et du pays, de ma mère.

Je l'accompagnai un bout de chemin.

Au moment de nous quitter, il me dit : — A ça, j'espère que vous viendrez me voir; je veux que vous me donniez ma revanche, et d'ailleurs, vous qui aimez votre mère, vous verrez ma famille, mes enfants, et une brave et digne mère qui les aime bien; tous au coin du feu, nous causerons de là-bas.

— J'irai, répondis-je.

Il me donna son adresse.

J'allai à mon auberge, et, avant de me coucher, je voulus savoir le nom du compagnon que le hasard m'envoyait.

La carte portait ces mots :

JEAN KINCK

MÉCANICIEN

22, Rue de l'Alouette

ROUBAIX.

Le Chemin-Vert, conduisant au champ Langlois, où s'est commis le crime.

III

Jean Kinck.

—

Un dimanche matin, j'allai rue de l'Alouette, 22, et là je trouvai Jean Kinck.

Il habitait une maison n'ayant qu'un seul étage.

Je la vois encore d'ici.

La porte d'entrée, peinte en vert, est sur la gauche de la maison. Le panneau inférieur est en bois plein; le panneau supérieur est occupé par un grillage historié. En entrant, on traverse un petit corridor aboutissant à une porte vitrée. A droite, dans le corridor, une pièce servant de salle à manger, où couchaient deux des enfants; une cuisine, puis un escalier de bois montant au premier. Là, trois pièces, chambres à coucher et petit cabinet.

La porte vitrée donne sur une petite cour, dont le côté droit est occupé par de petits bâtiments à usages domestiques et recouverts d'une toiture en zinc. Le premier était la cuisine, convertie en buanderie; le second fut une forge; on a agrandi, c'est maintenant un poulailler.

Après la cour, vient un petit terrain non cultivé, où poussent en liberté une douzaine d'arbres fruitiers; cela pourrait être appelé le jardin.

Au fond de l'habitation, un corps de logis d'un étage en briques rouges (la maison du devant est peinte en blanc), à larges baies vitrées servant d'atelier.

L'intérieur de cette maison respirait l'ordre et l'économie; Jean ne m'avait pas menti, il était entouré de cinq enfants au moment où j'arrivai; la plus jeune, une petite fille, dansait sur ses genoux. Il me présenta madame Kinck, c'était une grosse femme brune, à la figure un peu commune. Je sus plus tard qu'elle était née Hortense Rousselle, elle a toute sa famille à Tourcoing, Roubaix et Lille.

Son père et sa mère tiennent à Tourcoing l'estaminet du *Pont-d'Arcole*, près de Montaleu; ce sont des cousins de Rousselle, l'hercule du Nord. Hortense Rousselle, qui était elle-même très-robuste, a mis plus d'une fois à la raison les ivrognes et les tapageurs.

Jean Kinck était originaire, comme moi, de l'Alsace ; il avait débuté par être ouvrier, puis contre-maître et, enfin, patron. A force d'économies il avait amassé une petite fortune, c'est lui qui la trouvait petite : 100,000 francs environ pour huit personnes, sans préjudice du courant!

Jean était d'une avarice sans égale, à tel point, qu'il empêchait ses poules d'aller picorer chez le voisin les jours de pluie sous le prétexte quelles emportaient la terre de son jardin !

Si j'avais le désir de faire fortune, n'importe par quel moyen, Jean le possédait davantage ; il n'aurait reculé devant rien, du moins il le disait. D'une crédulité excessive, on lui aurait proposé une mine de pavés à ressort, qu'il aurait dit aussitôt, sans réfléchir, entrevoyant un bénéfice: « Exploitons-la. »

Cette similitude de caractère, malgré notre différence d'âge, nous lia d'une amitié étroite. Nous nous réunissions souvent à l'estaminet des *Arts-Réunis*, qui lui appartenait. Nous nous mettions à l'écart dans la salle commune et nous causions en patois, pour être à l'abri des indiscrets et des importuns.

Jean avait envie d'aller en Amérique pour exploiter une idée qui lui avait été suggérée

3.

par une personne qu'il ne voulut pas me nommer.

C'était une idée grandiose, elle ne pouvait moins faire que de me tenter, aussi, quand je la connus, je m'y livrai corps et âme, j'y pensais jour et nuit, sans paix ni trêve.

Il s'agissait tout simplement d'imiter les bonds américains.

Pour cela, il fallait deux choses : trouver un habile graveur pour confectionner les planches, puis fabriquer une machine. Pour la machine, ce n'était pas difficile, j'étais là ; pour l'artiste, c'était différent.

Après bien des pourparlers, bien des hésitations, tout bien arrêté, n'ayant plus d'ouvrage à Roubaix, il fut convenu que je partirais pour Cernay en passant par la Belgique.

Nous traçâmes mon itinéraire ensemble.

Je partis le 18 août, après avoir dîné en famille chez Jean Kinck. Tout le monde vint me conduire au chemin de fer ; la mère m'embrassa, le père me serra la main, les enfants étaient pendus aux pans de mon paletot : ils ne voulaient pas que je m'en aille ; l'aîné, Gustave, un bon gros garçon, me disait : « Reste donc avec nous, tu travailleras à la maison... » Je partis.

En arrivant à Bruxelles, *quelqu'un* me mit en rapport avec un monsieur qui avait été jadis le compagnon de Giraud de Gatebourse, le fameux faussaire, et il fut convenu qu'il m'enverrait les épreuves des planches gravées aussitôt qu'elles seraient faites. Il ajouta qu'il allait se mettre à l'œuvre immédiatement.

Je lui donnai mon adresse à Cernay, où j'arrivai le 21.

Ma douleur fut grande en arrivant chez nous : mon frère était soldat, mon père, comme beaucoup dont les bras ont usé le cerveau, avait jeté le manche après la cognée ; la misère était entrée à la maison ; mes sœurs et ma pauvre mère avaient beau lutter, l'aiguille n'est pas un instrument assez puissant pour chasser le triste fléau.

J'écrivis alors à Jean Kinck en lui disant, en termes mystérieux et compris de nous seuls, que j'avais pris les dispositions convenues, et que je l'attendrais à la gare de Bollwiller.

Kinck partit aussitôt, sans rien dire à sa femme.

On a affirmé qu'il venait en Alsace pour faire élever d'un étage une maison qu'il possédait à Bülh ; il est facile de comprendre que, pour un motif aussi futile, il n'aurait pris aucune précaution.

D'abord, comme il était très-uni et très-bien avec sa femme, il lui aurait dit tout bonnement :

J'(vais faire agrandir notre maison, elle nous rapportera plus.» Madame Kinck, intelligente et intéressée comme elle l'était, ne se fût pas opposée à ce projet, au contraire.

Jean Kinck ne fût pas venu en Alsace. Il aurait simplement écrit à un architecte ou à un maître maçon ; il n'aurait pris aucun chèque parce que ces travaux ne se payent pas de suite, et d'ailleurs tout le monde lui eût fait crédit.

Au lieu de cela, nous nous réunissions à Roubaix tous les jours, nous avions de longues conversations. Un témoin l'a déclaré, nous semblions nous cacher.

Nous traçons ensemble mon itinéraire, en passant par la Belgique ; on l'a trouvé sur moi. Je lui écris, comme il me l'avait recommandé, à mon arrivée à Cernay, une lettre énigmatique, incompréhensible pour d'autres que pour nous ; il me donne rendez-vous au débarcadère de Bollwiller, pour de là aller aux vieilles ruines d'Herrenfluch, où vu la longueur du chemin, nous ne devions arriver qu'à la noire nuit. Aussitôt la réception de ma lettre, il se met en route.

Toutes ces précautions et cette précipitation, pour élever une maison d'un étage! Je le répète, c'est invraisemblable, et personne ne croira que ce soit là le mobile puissant qui faisait quitter à cet homme aussi brusquement une famille qu'il aimait à la passion, son atelier, ses affaires, tout en un mot.

Enfin bref, à l'heure dite, Kinck arriva ; nous prîmes ensemble l'omnibus qui conduit à Soultz ; nous laissâmes les bagages dans le bureau, où l'on m'a dit qu'ils furent retrouvés plus tard.

Nous descendîmes d'omnibus à Soultz, et nous entrâmes toujours chez un aubergiste.

Nous soupâmes gaiement, mais tout en causant de *notre affaire*. Je crus remarquer que Jean Kinck avait probablement réfléchi, car il me paraissait froid, distrait, il me répondit à peine. Cela me surprit fort, puisqu'il avait répondu à mon appel.

Au sortir de l'auberge, nous nous dirigeâmes vers les ruines, il faisait presque nuit.

J'avais emporté une bouteille de vin ; en route, nous en bûmes environ la moitié.

Nous nous remîmes en marche à travers le bois, un bois touffu, inextricable ; nous avancions en silence, lentement et difficilement, les hautes herbes et les lianes s'étaient attachées aux arbres et barraient le chemin, de temps en temps un oiseau ou un lapin fuyait, faisant craquer les branches. C'est un endroit extrêmement solitaire, personne n'y passe jamais.

Tout à coup je rompis le silence.

— Eh bien ! dis-je à Jean, où en sommes-nous ? J'ai fait ce que vous m'avez dit.

— J'ai réfléchi, dit Jean; dans un moment d'entrain, j'ai accepté ce que vous me proposiez; quoique cela ne se passerait pas en France, ce n'est pas honnête, c'est un vol ; j'ai travaillé et amassé un petit avoir à la sueur de mon front, je veux garder à mes enfants un nom honorable.

— Vous avez travaillé vingt années pour gagner 100,000 francs, en deux ans nous pouvons en gagner dix fois le double, sans aucun risque à courir, nous ferons les bonds ici ; vous voyez que l'endroit est admirablement situé; puis, nous irons en Amérique, nous les changerons et nous reviendrons en France, riches et considérés , personne ne saura rien.

— Non, dit Jean, je suis assez riche, mes enfants feront comme leur père, ils travailleront.

— Mais j'ai commandé la planche, nous avons un complice, il peut nous dénoncer.

— Tant pis! mais comme il n'y a rien d'exécuté, je ne veux pas, je vous le répète, et d'ailleurs son intérêt lui commande de se taire.

— C'est votre dernier mot ?

— C'est mon dernier mot, et sur ce, je vous quitte ; ma pauvre femme était inquiète, elle ne voulait pas que je parte; elle m'a embrassé en pleurant comme si elle ne devait jamais me revoir. Troppmann, vous êtes jeune, continua-t-il, habile ouvrier, il faut demander la fortune à vos bras, vous l'acquerrez promptement, j'en suis bien sûr; allons, au revoir.

Il me tendit sa main, que je gardai un instant dans la mienne.

Pendant cette conversation, et profitant de l'obscurité qui nous environnait, je versais le contenu d'un flacon d'acide prussique, qui ne me quittait jamais, dans le restant de la bouteille de vin ! . . . .

— Vous avez raison, dis-je à Jean Kinck, il faut rester honnête, c'est encore la meilleure des fortunes. Je suivrai votre conseil. Avant de nous séparer, buvons un coup, le coup de l'étrier, à la santé de madame Kinck !

Je lui tendis la bouteille ; sans défiance, il approcha le goulot de ses lèvres. A ce moment un filet de lune, comme un courant électrique, le frappa en plein visage, instinctivement je détournai les yeux...

Quelques secondes après, j'entendis la chute d'un corps, c'était Jean Kinck qui tombait foudroyé. Il n'avait pas poussé une plainte, il était mort sur le coup, sans secousse, sans agonie.

Je le fouillai précipitamment ; je pris son portefeuille, sa montre et l'argent qu'il avait dans ses poches.

Quelques mètres plus loin, le sol est composé de cailloux et de sable fin ; avec mes mains, je creusai une fosse d'à peu près 30 centimètres de profondeur ; j'y traînai le cadavre et l'y jetai la face contre terre. Je le recouvris de branches, de sables, de feuilles ; puis, la fosse n'étant pas assez longue, je montai sur le milieu du cadavre pour le tasser ; je roulai sur le tout une grosse pierre, puis je m'enfuis en toute hâte, car le crime accompli, j'avais peur, non qu'on le découvrît, mais la scène qui venait de se passer ne quittait pas mes yeux.

Pour aller à Cernay, j'avais environ 10 kilomètres à faire, cela me permit de composer mon visage pour arriver chez nous... La première personne que je rencontrai, ce fut ma vieille mère ; je l'embrassai avec effusion, cela me faisait du bien et me calma un peu.

Voyant la détresse de ma famille, j'offris vingt francs à ma mère, mais par un pressentiment maternel elle les refusa. — Non, me dit-elle, je ne veux pas de cet argent, hier tu n'en avais pas, il ne peut être gagné légitimement, je préfère jeûner que de vivre avec du bien mal acquis.

Je ne sus que répondre et je baissai la tête !

Pendant mon séjour, je commis une imprudence, j'allai en voiture à la fête d'Assholtz. Je montrai mon argent, j'étais fier d'avoir une montre et une chaîne en or. Je l'étalais complaisamment et j'étais heureux quand un passant me demandait l'heure ; cette imprudence aurait pu éveiller les soupçons, il n'en fut rien.

Le 26, j'écrivis à madame Kinck, en contre-faisant de mon mieux l'écriture de Jean, il s'agissait de la rassurer.

Je lui écrivis que mon ami s'était foulé le poignet, qu'il avait peine à tenir une plume et qu'il s'était contenté de signer.

J'avais préalablement rempli les chèques que j'avais pris sur le cadavre, j'en avais fait un reçu de cinq mille cinq cents francs ; j'envoyai, toujours comme si c'était Jean Kinck, le reçu à sa femme, en la priant d'aller aussitôt en toucher le montant à la caisse commerciale, et d'expédier la somme poste restante à Guebwiller.

Elle alla toucher la somme et l'expédia aussitôt dans deux enveloppes chargées.

Le 31 août, je me rendis au bureau de poste de Guebwiller, j'avais hâte d'encaisser la somme et de fuir en Amérique. Malheureusement, le receveur, frappé de mon extrême jeunesse, qui n'était pas en rapport avec les papiers de Jean Kinck que je lui présentai, me refusa la somme.

Voyant ses doutes, je lui dis alors que j'étais Jean Kinck fils ; il exigea une procuration de Kinck père, deux jours après je lui portais la procuration, cela ne lui suffit pas, il voulait qu'elle fût légalisée.

Insister davantage eût été me trahir ; néanmoins le receveur, ayant appris que madame Lœuw, une parente de Jean, était à Guebwiller, il la fit venir et en ma présence lui demanda si j'étais Jean Kinck fils. Cette femme soutint que Kinck n'avait pas d'enfant de ce nom, je lui répondis hardiment : — Mais je m'appelle Emile-Jean Kinck, elle ne voulut pas démordre de son dire, ajoutant qu'elle connaissait bien la famille, et qu'elle savait ce qu'elle disait.

Ainsi tous mes efforts échouaient devant le hasard, j'avais donc commis ce crime pour rien, ah ! si j'avais tenu cette femme dans la forêt!... elle ne l'aurait pas connue longtemps, la famille.

Il me fallait à tout prix cet argent. Dans mon désir ardent, je résolus de partir pour Paris, j'oubliai tout, ma vieille mère que j'aimais tant, la prudence, qui, pourtant, m'était si nécessaire, je voulais cet argent.

Avant de partir, un matin, je reçus par la poste une lettre de Bruxelles, c'était le graveur qui m'envoyait les épreuves des bonds, ils étaient admirables, il me disait que notre fortune était-faite, qu'on pourrait en fabriquer un million par jour.

Une idée me vint, si on s'apercevait de la disparition de Jean Kinck, et qu'on m'arrêtât, j'avais son portefeuille. C'était une preuve grave, je mis les épreuves et la lettre dans le portefeuille, que j'enterrai dans la forêt; n'ayant pas de preuves si on m'avait arrêté, on ne pouvait me condamner que légèrement; à l'expiration de ma peine, ou même en m'évadant, j'aurais continué seul la fabrication et je me serais enrichi rapidement.

Malgré cette perspective, les lettres chargées ne sortaient pas de mon imagination; pour les obtenir voici ce que j'imaginai:

Je partis pour Lille où j'arrivai le 3 septembre; le 4 je pris une voiture de place qui me conduisit à Roubaix. Là j'annonçai à la dame Kinck, que Jean était à Paris, pour affaires urgentes et sérieuses, que le receveur avait refusé de me délivrer la somme, et que, pour parer à cet inconvénient, ne pouvant s'absenter de Paris, Jean Kinck priait son fils Gustave d'aller retirer les fonds.

Madame Kinck, méfiante de sa nature, ne me croyait pas, elle trouvait tout cela étrange, mystérieux; mais j'avais prévu le cas, et pour dissiper

seu derniers scrupules, je lui remis la lettre
suivante que j'avais préparée :

« Ma chère famille, il faut maintenant dévoiler
notre affaire. J'avais chargé Troppmann pour
chercher les lettres, car je ne peux pas quitter
Paris maintenant. Troppmann vous expliquera
tout lui-même mieux que je ne pourrais vous
écrire. Il faut que toute la famille vienne à
Paris pour deux ou trois jours, ceci ne nous
fera pas grand tort, car Troppmann m'a donné
un demi-million. Je veux l'avoir absolument.
Toi (Gustave), tu partiras d'abord pour Guebwiller pour chercher l'argent. Je t'envoie une
procuration que tu feras signer par M. le maire.
Tu feras faire les papiers avant de partir. Si
vous avez besoin d'argent pour tous ces voyages,
vous irez en chercher. Je vous envoie un reçu
de 500 fr. Enfin j'ai donné tous les renseignements à Troppmann, il vous expliquera, et·vous
ferez ponctuellement ce qu'il vous dira.

« JEAN KINCK. »

Le lendemain en ma présence, madame Kinck
reçut par la poste un modèle de procuration, et
un chèque de cinq cents francs.

Je repartis pour Paris, feignant d'aller retrouver Jean Kinck.

Je pris une chambre à l'hôtel du Nord sous ce nom. J'attendais l'arrivée de Gustave avec une véritable impatience.

Gustave Kinck enchanté de faire un voyage, n'avait, à ce qu'il paraît, pas attendu la procuration exigée par le receveur.

A Guebwiller, je lui écrivis, toujours comme si c'était son père :

« Tu partiras quand tu auras l'argent. Le train de Mulhouse part à dix heures moins le quart du matin. Je t'attendrai à la gare. Tu m'enverras une dépêche avant de partir. Mon adresse est à l'hôtel du Chemin de fer du Nord. Au revoir, cher fils. »

Gustave n'était pas en mesure de retirer les maudites lettres; le 10 septembre, je lui envoyai un télégramme, puis la lettre suivante :

« Mon cher fils,

« Ne viens pas sans que tu aies l'argent. J'ai écrit à maman pour qu'elle aille tout de suite à la mairie pour faire signer la procuration... Tu viendras alors quand tu auras l'argent. Maman ne viendra qu'après toi, car je lui écris de ne pas venir avant que tu ne sois là. Tu m'enverras une dépêche le jour avant; j'irai t'attendre à la gare, mais ne dis seulement jamais le nom de mon ami.

« Ton père,

« JEAN KINCK. »

Par une fatalité inexplicable, la dame Kinck n'avait pas compris mes lettres, au lieu de faire légaliser la procuration, elle ne l'avait fait qu'enregistrer, le receveur, tenace, refusa de délivrer à Gustave Kinck la somme que je convoitais tant.

Gustave, ennuyé malgré mes recommandations, se décide à partir pour Paris, où il arrive sans l'argent, le 17 septembre à 9 heures et demie du soir.

A quoi tient la vie tout de même ?

Une chose me frappe. Madame Kinck ne savait pas lire, toutes les lettres et tous les télégrammes que je lui adressais étaient nécessairement lues par des voisins obligeants. Comment se fait-il qu'aucun d'eux, connaissant les goûts simples et les habitudes journalières de Jean Kinck, ne s'émut de tout le mystère qui environnait si subitement cette famille ?

Une seule indication et mon plan était détruit, il faut croire à la destinée !

IV

Assassinat de Gustave Kinck

——

J'ai attendu Gustave près de seize heures à la gare ; à mon arrivée, je le reçus, je le conduisis à mon hôtel, puis je lui fis écrire à sa mère le billet suivant :

« 17 septembre, je viens d'arriver à Paris. Vous devez venir à Paris, partez de Roubaix dimanche soir à deux heures, et à Lille à quatre heures dix-huit minutes, deuxième classe. Prendre tous les papiers.

« GUSTAVE. »

J'avais mon plan. Il était cruel, mais nécessaire. Qu'allait dire Gustave en ne voyant pas son père ? Il pouvait écrire à sa mère et faire tout découvrir.

Il fallait le supprimer, et cela dans le plus bref délai.

Je l'emmenai dîner; pendant le repas il fut très-gai; il me demanda si je lui ferais voir Paris. Je lui répondis que oui; mais que, d'ailleurs, j'allais le conduire auprès de son père, et que son père, déjà très au courant, l'initierait à la vie parisienne.

Vers dix heures, Gustave me demanda si nous partions bientôt. Nous nous mîmes aussitôt en route; le pauvre garçon aurait voulu courir, tant il avait hâte de revoir son père.

Nous prîmes l'omnibus jusqu'à la Villette, où nous descendîmes pour aller à pied jusqu'à Pantin.

En route nous causions.

— Tu n'as pas peur? me disait-il.

— Non.

— Ni moi non plus.

— Alors pourquoi me fais-tu cette question ?

— C'est pour te faire parler; tu parais sombre, préoccupé, tu as l'air de méditer, et puis tu ralentis ta marche comme un homme qui a peur d'arriver. Moi, je suis tout joyeux de revoir mon père; veux-tu que je te chante un refrain du pays?

Le Champ Langlois. — Au premier plan, la fosse où l'on a trouvé les six cadavres.

Je répondis machinalement oui.

Gustave Kinck entonna d'une voix claire et vibrante un de ces vieux refrains qui m'avaient bercé étant jeune, c'était à la fois le souvenir du pays et de l'enfance.

— Tais-toi, dis-je à Gustave, les passants vont nous prendre pour des gens ivres.

— Qu'est-ce que cela me fait, répondit-il, je ne les connais pas.

Il continua à chanter.

Arrivés auprès du champ Langlois, nous nous assîmes sur le talus de la route.

J'avais besoin de me remettre, puis de m'assurer qu'il ne passerait personne.

Voyant que tout était calme, nous nous engageâmes dans le sentier.

— C'est bien désert, me dit-il, et mon père a eu une drôle d'idée de venir par ici.

Je lui montrai une lumière dans le lointain :

— C'est là qu'est ton père.

— Alors, marchons.

Comme le sentier était très-étroit, Gustave marchait devant moi ; arrivés à un endroit que j'avais marqué le matin, en y enterrant une petite pioche et une pelle, je m'armai d'un couteau de table dont je m'étais muni la veille, puis je lui portai un violent coup dans le dos.

Comme son père, le malheureux ne poussa pas un cri; il tomba la face en l'air, chose étrange, mais ne remua pas.

Un nuage de sang me passa devant les yeux; les tempes me battaient, je retournai le cadavre pour retirer le couteau; le couteau tenait; j'appuyai mon genoux sur le cadavre, et, par un violent effort, j'arrachai mon arme; un flot de sang tiède me jaillit à la figure. Craignant que Gustave ne fût pas mort, je le frappai, sans relâche, et le rendit méconnaissable.

A ce moment, j'entendis des pas dans le lointain, je me couchai à côté du cadavre pour n'être pas aperçu. Les pas s'éloignèrent, aussitôt je déterrai la pioche et la pelle, et je me mis à creuser une fosse.

Je ne pourrais dire le temps que dura ce travail, j'étais tellement agité que j'aurais creusé le champ entier. Enfin, quand la fosse me parut suffisamment profonde, j'y jetai Gustave, puis je le recouvris de terre, j'enterrai les outils quelques mètres plus loin, puis je me sauvai.

J'étais plein de sang, il m'était impossible de rentrer à l'hôtel dans un état pareil; j'allai jusqu'au canal de l'Ourcq, je me lavai du mieux que je pus, puis je marchai droit devant moi sans savoir où j'allais.

J'arrivai à Bondy, j'entrai dans le bois et je me laissai tomber au pied d'un arbre.

Je ne pourrais dire si je m'endormis ou si je me trouvai mal; bref, le matin je revins à moi, je rentrai à Paris.

Je n'avais accompli qu'une partie de mon œuvre.

En effet, j'avais tué Kinck père, il fallait tuer Kinck fils pour éviter les indiscrétions. Ce dernier meurtre est la conséquence fatale et inévitable du premier. Mais maintenant qu'allait faire la mère? les enfants? Je pouvais bien les entretenir quelque temps, mais leur patience se lasserait.

Je réfléchis et je résolus pour cacher mes deux premiers crimes d'anéantir la famille.

Je répandrai le bruit que les Kinck sont en Amérique. Une famille entière qui s'expatrie, cela se voit tous les jours, surtout en Alsace, puis ensuite, ayant les papiers en ma possession, je pourrai peut-être toucher la somme déposée au bureau de Guebwiller.

J'arrêtai définitivement mon plan et je le mis aussitôt à exécution.

Avant d'assassiner Gustave j'avais eu la précaution de lui faire écrire le billet qu'on a lu plus haut, préalablement j'avais écrit à madame Kinck qu'elle apporte tous les papiers.

4.

Comme je l'avais prévu, malgré son état de grossesse avancée, elle n'hésita pas un seul instant à se rendre aux prières de son mari, elle était d'ailleurs complétement rassurée par la lettre de son fils. . . . . : . . . . .

V

La Plaine de Pantin.

—

La plaine de Pantin, que j'avais choisie pour accomplir mon projet, est admirablement située ; la preuve, c'est que personne n'a rien entendu ni rien vu.

C'est un quartier pauvre et désert, isolé, à peine éclairé, les cris n'émeuvent ni ne dérangent les passants, parce que tous les jours il y a des rixes et des disputes bruyantes, les cabarets ferment à dix heures et les maisons y sont clair-semées.

En attendant le retour de la famille Kinck, j'allai le dimanche vers cinq heures, chez un taillandier de la rue d'Allemagne, acheter une pelle et une pioche; comme ce quartier est occupé par beaucoup de terrassiers, l'achat de ces instruments ne pouvait donner lieu à aucun soupçon. Je dis que je viendrais prendre les outils un peu plus tard.

Vers huit heures du soir j'allai chez le marchand, je montai sur l'impériale de l'omnibus et je descendis aux Quatre-Chemins; là, je trouvai mon complice exact au rendez-vous; je lui donnai la pelle et la pioche, puis je retournai à Paris, à la gare du chemin de fer, attendre la famille.

La famille Kinck était arrivée au train précédent, mais elle attendait dans la gare, elle n'avait pas voulu rester à l'hôtel, elle craignait de manquer Jean Kinck. A ma vue, les enfants joyeux me sautèrent au cou.

— Bonjour, mon bon ami, comment se portent papa, mon frère, une foule de questions auxquelles je répondis de mon mieux.

— Vous allez les retrouver, — mes enfants, un peu de patience.

Je sortis de la gare, et, comme il faisait une belle soirée, je pris une voiture découverte qui stationnait là, je convins du prix avec le cocher et je le payai d'avance jusqu'à la porte de Flandre.

En route tout le monde causait, les enfants riaient, j'en avais un sur chaque genou, à tout

chien terrier indique, en grattant la terre, l'endroit où se trouve le corps
de Gustave Kinck.

instant ils me demandaient :—Verra-t-on bientôt papa? Nous irons au spectacle demain, puis nous nous promènerons en vélocipède.

Arrivé à la porte de Flandre, le cocher s'arrêta, je lui promis un supplément de prix s'il voulait aller jusqu'aux Quatre-Chemins, il s'égara en route, je fus forcé de lui indiquer la voie à suivre.

Enfin nous arrivâmes, la voiture s'arrêta sur mon ordre.

Pour bien comprendre le récit qui va suivre, il est nécessaire de remonter quelques mois plus haut.

J'ai raconté que je m'étais égaré dans un cabaret, puis endormi dans les carrières d'Amérique, et que, depuis, j'avais souvent rencontré les deux individus avec qui j'avais bu, un surtout.

Pendant mon séjour à Paris, une nuit, je me promenais du côté d'Asnières, lorsque arrivé auprès d'une maison isolée, je crus entendre du bruit. Pensant que c'était quelque oiseau dérangé de son sommeil, j'allais continuer ma route lorsque j'entendis très-distinctement des voix, je m'arrêtai brusquement, et, aussitôt plusieurs individus escaladèrent le mur, avant que je ne me fusse mis sur la défensive, l'un d'eux me sauta à la gorge, tandis que le second me menaçait d'un pistolet

Le troisième démasqua alors une lanterne sourde, la lumière me frappa au visage ; aussitôt je fus lâché et celui qui me tenait me tendit la main.

— Tiens, comment vas-tu ?

— Je ne vous connais pas.

Mon interlocuteur prit alors la lanterne des mains de son camarade, il l'éleva jusqu'à lui, et, à ma grande stupéfaction, je reconnus mon inconnu des carrières d'Amérique.

— Tu ne t'attendais pas, me dit-il, à me voir ici ?

— Ma foi, non.

— C'est pourtant bien simple, nous venons de faire une affaire chez un riche particulier.

— Singulier moyen de travailler en escaladant les murs la nuit.

— Crois-tu, grand serin, qu'il est nécessaire d'aller chercher les sergents de ville pour faire la haie ?

Je compris que c'étaient des voleurs.

— Tu as de la chance que je t'aie reconnu, sans quoi ton affaire était faite.

— C'est pas tout ça, dit un des hommes, tu le connais, mais es-tu sûr qu'il n'ira pas *manger le morceau* ? (Nous dénoncer).

— Je réponds de lui.

Celui qui venait de répondre pour moi me tira

à l'écart. Il me donna son adresse et je lui donnai la mienne.

— Quand tu auras besoin de moi, dit-il, tu peux venir frapper à ma porte.

En m'en allant, je réfléchis profondément au hasard qui jetait sans cesse cet homme sur ma route.

Je me couchai, mais je ne pus dormir. Cette scène me revenait sans cesse à la pensée : s'ils m'avaient tué, comme Jean Kinck, qui l'aurait su ?

Après avoir assassiné Gustave Kinck, lorsque j'eus reconnu la nécessité absolue de détruire la famille, je ne me dissimulai pas la difficulté qu'il y aurait pour tuer six personnes à moi seul, j'aimais les victimes, je ne voulais pas les faire souffrir.

Mais, comment faire ? Je ne connaissais personne à qui me fier, et d'ailleurs, pour assassiner, il faut être un bandit ou avoir comme moi un puissant motif.

J'avais beau me creuser la tête, lorsque je me rappelai soudain l'adresse de mon inconnu.

Ma détermination fut prise. J'y allai, je le trouvai dans une profonde misère, je l'invitai à déjeuner à Aubervilliers, et après je m'arrangeai en revenant pour passer par la plaine de Pantin.

Nous marchions côte à côte, silencieux. Arrivés à quelques mètres de l'endroit où gisait Gustave Kinck, je n'avais pas encore trouvé les moyens d'engager la conversation, lorsque, tout à coup, mon inconnu s'arrêta, redressa sa haute taille, et, me regardant fixement, dit :

— Belle place pour commettre un crime, hein, mon compagnon ? On ne serait pas dérangé, la terre est molle, facile à creuser ; on est ici mieux que chez soi... Mais qu'avez-vous donc ? On dirait que mes paroles vous font défaillir ?

J'étais pâle, je tremblais, il me semblait que j'étais perdu, que j'allais voir Gustave sortir de terre, et s'écrier : « Troppmann est mon assassin ! » Au lieu de répondre, je baissai la tête, mon compagnon me mit la main sur l'épaule...

— Mais dis donc, camarade, si tu m'as surpris en train de voler, il me semble que tu n'as rien à m'envier, tu n'as pas l'air d'avoir la conscience bien nette, est-ce que nous aurions *chouriné* ? Au reste, continua-t-il, ça ne m'étonne pas, je t'avais bien jugé, et si j'avais trouvé une affaire, je te l'aurais proposée ; seulement, tu n'es pas fort, tu trembles comme une petite fille pour une parole dite en l'air : il faut être désormais plus fort que cela.

Avant de nous séparer, nous prîmes rendez-vous pour le soir même ; sans nous dire un mot, nous nous étions compris.

C'était le 18 septembre.

Le soir , bras 'dessus bras dessous, je lui racontai une histoire invraisemblable, je lui dis que la famille n'avait pas d'argent sur elle, et que je ne faisais cette affaire que pour l'avenir ; qu'en nous emparant des papiers, il y aurait une somme à réaliser assez importante.

Mon but en lui disant cela était de me réserver l'argent pour fuir.

L'inconnu, déjà mon complice moralement, m'objecta que c'était une rude tâche de tuer six personnes.

Je lui expliquai mon plan, qu'il approuva entièrement.

Il fut convenu qu'il tuerait les trois premiers, et moi les trois derniers.

Nous prîmes rendez-vous pour le lendemain 19, à minuit, plaine de Pantin.

Tout marchait bien.

. . . .

Je fis descendre la mère et les deux plus jeunes enfants.

Avant de s'engager dans le chemin, elle me dit, tout comme le pauvre Gustave :

— Mon mari a une drôle d'idée d'avoir choisi ce lieu désert, comme c'est triste. Je ne m'y plairais pas !

La mère marchait devant, elle portait la petite

Marie, et le plus jeune des garçons la tenait par la robe.

Il faisait un clair de lune magnifique, nous avancions lentement, lorsque la mère s'arrêta brusquement :

— Mais où allons-nous, dit-elle?

— Je lui montrai mon complice debout, dont la silhouette se détachait au loin :

— Voilà Jean Kinck, lui dis-je.

Immédiatement elle se remit en marche.

Arrivé à l'endroit désigné et avant qu'elle n'ait eu le temps de se reconnaître elle tomba frappée mortellement; malgré cela, elle se défendit comme une lionne, c'était une rude femme, elle ne voulait pas mourir, la petite fille fut frappée dans les bras de la mère, la mère en tombant ne l'avait pas lâchée, le plus jeune garçon fut égorgé.

Est-ce moi, est-ce mon complice? Je ne me souviens plus; pourtant si ça avait été moi, la lutte avait été tellement terrible, quoique rapide, que j'aurais été couvert de sang, et, lorsque je retournai chercher les trois enfants, il faisait un si beau clair de lune que le cocher m'aurait vu sanglant; d'ailleurs pour le payer, je dus m'approcher de sa lanterne. Il se baissa vers moi pour prendre les deux francs que je lui donnai; s'il avait remarqué quelque chose d'anormal dans mon individu, assurément il aurait crié pourme faire arrêter, ou il aurait fouetté vigou-- reusement son cheval, sauvant les trois enfants qui n'étaient pas descendus.

Je conclus donc que je n'ai pas frappé les pre- mières victimes !

Les trois enfants descendirent, je pris le même chemin, je fis mettre un foulard autour du cou du premier, en lui disant que la soirée était fraîche ; il me remercia de ma sollicitude ; en arrivant auprès du corps de la mère, je l'étran- glai, il tomba lourdement sur le tas.

J'allai chercher le second, puis le troisième, et je les étranglai de la même manière.

Ça n'a pas été long : pas un geste, pas un cri.

Nous n'avions qu'un seul couteau, il s'était cassé en assassinant la première fournée. Pour défigurer les victimes, nous dûmes nous servir de la pioche, c'est ce qui explique leurs larges blessures.

On frappait à tort et à travers ; la lune nous éclairait en plein, à chaque instant nous glissions dans le sang.....

Il fallait songer à creuser une fosse, ce n'était pas un travail difficile, l'un piochait, l'autre avec la pelle relevait la terre en talus ; quand nous la jugeâmes assez profonde, nous prîmes les vic- times et nous les couchâmes dans le trou ; la mère quoique bien frappée remuait encore. Je voulais lui donner le coup de grâce.— Laisse-la donc, dit mon compagnon, quand nous aurons comblé la fosse, elle ne reviendra pas !

Après avoir comblé le trou, il restait une masse de terre, l'équivalent des cadavres, il fallut porter cette terre au loin, puis refaire les sillons, un à un, enfin nous avons terminé notre besogne vers quatre heures du matin.

Je pris le panier, dans quoi étaient les titres et une somme d'argent, je donnai à mon complice de quoi aller au Havre, lui assurant que je l'y trouverais, puis nous nous séparâmes.

Comme pour l'assassinat de Gustave Kinck, j'allai au canal de l'Ourcq où je me lavai du mieux que je pus, puis je pris les papiers que je cachai avec soin.

Vers sept heures et demie du matin, je rentrai à mon hôtel, j'eus la chance de ne rencontrer personne, car malgré le soin que j'avais pris pour nettoyer mes vêtements, ils étaient encore dégouttants de sang. Je montai précipitamment à la chambre que j'occupais et je changeai de linge.

J'allai me promener très-tranquillement, j'entrai dans un café et j'écrivis à mes parents la lettre suivante.

Paris, 20 septembre 1869.

« Chers parents,

« J'ai reçu votre lettre et je vois que vous croyez que je suis désespéré de réussir ; mais vous vous trompez, car je suis beaucoup trop entêté pour me désespérer si vite ; mes affaires vont bien, seulement ils traînent (*sic*) un peu, ce qui *m'embête* autant que vous, mais *on ne peut pas toujours faire aussi vite que l'on voudrait ;* les gens veulent regarder les affaires de toutes les faces avant de risquer de perdre de l'argent, et ça ne s'agit pas de si peu. Vous m'écrivez de revenir ; je reviendrai, mais je ne peux pourtant pas laisser mes affaires de côté, quand elles sont presque terminées. Je n'avais plus d'argent ; j'en ai demandé aujourd'hui. J'ai reçu 300 fr., dont je vous envoie 100, car vous devez en avoir besoin. Je l'envoie à l'adresse de Françoise.

« Je vous embrasse.

« Votre fils,

« J.-B. Troppmann. »

En adressant l'argent à Françoise, je pensai que ma mère ne le refuserait pas, comme elle m'avait refusé une pièce de vingt francs, lors de mon dernier voyage à Cernay.

J'écrivis cette lettre dans un café du boulevard de Strasbourg, et je dus bien mal écrire, car je tremblais comme la feuille.

Je ne savais comment faire ; retourner à l'hôtel, c'était dangereux, on devait avoir trouvé dans ma chambre les vêtements ensanglantés, et puis, la famille qui était venue la veille, qui avait retenu deux chambres en annonçant qu'elle allait se promener et qu'elle reviendrait, n'étant pas revenue, avait sans doute donné des soupçons, on devait avoir donné mon signalement.

Je pris le parti le plus simple, j'allai à tout hasard vers la gare de l'Ouest.

Je résolus de partir pour le Havre et de là m'embarquer sur un steamer en partance pour l'Amérique.

L'Amérique ! plus que jamais, maintenant, c'était la terre de mes rêves, il fallait sauver ma tête, eh bien, ce n'était pas cela qui me préoccupait le plus, je me reprochais ma maladresse au sujet des lettres chargées de Guebwiller, car, évidemment, si je m'y étais mieux pris, je n'aurais pas eu besoin du massacre de Pantin.

Voici les papiers que j'emportais :

1° Acte de vente d'une maison sise à Roubaix pour une somme de 8,000 fr. ; Cocheteux-Osterlinck à M. Kinck-Rousselle, du 31 janvier 1861, en l'étude de Mᶜ Délebecque, notaire à Lille.

2° Obligations par M. et madame Kinck-Rousselle à demoiselle Danel et consorts, du 20 avril 61, du même notaire.

3° Vente de la maison de M. et madame Cocheteux-Osterlinck à M. et madame Kinck-Rousselle, 17 et 20 avril 1861.

4° Adjudication d'une maison sise à Roubaix, d'une valeur de 9,500 fr. au profit de M. et madame Kinck, de Roubaix, en date du 30 juillet 1857.

5° Adjudication d'une maison sise à Roubaix, au profit de M. Kinck, au 30 juillet 1857.

6° Une quittance de mainlevée de M. Vanderhalle à M. Jean Kinch, en date du 18 septembre 1863.

7° Un dossier contenant douze extraits du registre d'inscription de priviléges et d'hypothèques de Lille.

8° Un portefeuille contenant lettres et divers papiers.

Là, je commis une grande faute, et mon complice avait raison de dire que, si j'avais l'énergie, il me manquait l'adresse.

5.

En effet, les papiers de Jean Kinck ne pouvaient me servir à rien. Je devais les détruire, la suite m'a démontré qu'une fois arrêté, si je ne les avais pas eus, on m'aurait relâché.

Je pris le train à la gare Saint-Lazare.

Je n'avais pas de bagage, mon avoir se composait comme suit :

Un porte-monnaie en maroquin avec garniture en cuivre, contenant une pièce de 50 centimes et 50 centimes en billon, plus trois timbres-poste de 20 centimes.

Une ceinture en cuir, vide.

Un foulard en soie, contenant 1 fr. 70 en billon et 200 francs en pièces de 5 francs en argent, dont trente et une pièces à l'effigie de Léopold II, roi des Belges, millésime de 1860, le même que la pièce trouvée dans la poche de madame Kinck.

Une montre en or cylindre, à huit rubis, portant les numéros 40,730 et 7,791, avec chaton et clef de même métal.

Montre savonnette argent portant les numéros 47,440 et 43.

Un petit peigne, un encrier.

Un petit médaillon à secret contenant un calendrier en cuivre.

Un couteau-canif neuf, à manche blanc, garni

de trois lames, dont la principale contient quatre brèches.

De plus, une vingtaine de bonds américains semblables à ceux qui sont dans le portefeuille enterré à Guebwiller.

Découverte du septième cadavre.

VI

Mon arrestation.

—

Je pris le train-express, parce que je savais qu'on ne regarde jamais les voyageurs de première classe, d'ailleurs je ne pensais pas que la terre avait parlé.

Dans le wagon, on ne parlait que du crime, entre autres un monsieur décoré.

Là, j'appris que les cadavres avaient été découverts dans la plaine entre sept et huit heures du matin, et que cette découverte avait jeté Paris dans une grande terreur. On disait que la population était en proie à une grande émotion; que c'était le sujet de toutes les conversations.

C'était déjà dans le *Petit Journal*, où j'avais eu, avec beaucoup de satisfaction, que ma ruse avait réussi, on me prenait pour Gustave Kinck.

Les journaux ajoutaient que le père avait fait le coup, aidé par le fils. Chacun, pour faire triompher son raisonnement, donnait des preuves plus ou moins vraisemblables; cela devait nécessairement égarer les recherches.

Ce monsieur soutenait que Jean Kinck et Gustave Kinck ne pouvaient être les meurtriers de la famille; il donnait pour raison qu'ils n'avaient aucun intérêt à ce massacre, et il ajoutait : « Si tu veux connaître le coupable, cherche à qui le crime profite. » Personne n'était de son avis. Il se tourna vers moi et m'interrogea. Je ne sais ce que je lui répondis, mais il prit sans doute ma réponse pour une adhésion à son système, car il me dit que nous étions les seuls dans le vrai, et que, plus tard, les investigations de la justice nous donneraient raison.

Ennuyé de n'entendre que ces mots : « Quel horrible assassinat ! Quelle canaille ! Quelle cruauté ! » je me tournai dans mon coin et je m'endormis.

Je fus réveillé à Rouen par le vieux monsieur qui me dit : « Vous verrez, jeune homme, que la justice nous donnera raison. »

J'arrivai au Havre; il faisait presque nuit, le train était en retard.

C'était la première fois que je voyais cette

ville. En descendant de la gare, j'étais assez
embarrassé, heureusement je rencontrai un ga-
min qui me mit dans mon chemin. J'allai loger
chez madame Rosney, et je me fis incrire sous
le nom de Fich Henri, vingt-deux ans, mécanicien.

Le lendemain mardi, je me trouvai sur le
quai de la Barre, et je regardais des navires. Un
individu vint à moi et me demanda si je voulais
les visiter. Je lui dis que non, mais que j'avais
l'intention d'aller à la Nouvelle-Orléans.

Cet individu, nommé Dourson, me pressait de
questions, j'aurais dû m'en méfier, mais comme
j'avais besoin d'argent, et que j'espérais qu'il
m'aiderait à passer mes bonds, je répondais volontiers à ses questions.

Je lui montrai mes bonds, les pareils à ceux
qui sont dans le portefeuille. Voici comment il
les désigne dans sa déposition :

. . . .

« En allant prendre un café, il me montra des
bank-notes, c'est-à-dire des billets comme on en
passe dans le commerce. Ce papier était violet,
imprimé en noir sur des lignes rouges sous des
signatures. Il voulait changer ces valeurs. Je lui
dis que pour cela il faudrait montrer des papiers. »

. . . .

Je quittai, pour dépister les recherches si, par

hasard, Dourson avait été indiscret, l'hôtel où il m'avait conduit, et j'allai hôtel de New-York, rue Dauphine, 22.

Je me fis inscrire sur le livre de police comme étant un nommé Wolff, tailleur, né en Bavière, et venant à Paris.

La directrice de l'hôtel me posa quelques questions en français auxquelles je répondis à peine ; elle fit alors venir sa bonne, une grosse fille, bavarde comme une pie, qui me demanda, en allemand, si je voulais dîner.

Depuis deux jours que j'errais à l'aventure, dormant mal et mangeant peu, l'offre de la bonne fut bien accueillie.

Je fis un bon repas, puis je descendis au café où je bus de la bière.

Ne voulant pas me faire voir en ville, je demandai la clef de ma chambre, je me couchai et je dormis jusqu'au jeudi huit heures du matin.

Ce n'était pas tout d'être au Havre, il fallait trouver le moyen de m'embarquer.

Je demandai à un marin que je rencontrai chez qui il fallait s'adresser ; il m'envoya chez MM. Washington Finley et Chapelle, quai Casimir Delavigne, 91 ; on me dit que le passage coûtait cent cinquante francs. Je répondis que c'était cher, mais que je verrais.

Je me promenai sur le quai espérant rencontrer un matelot qui me donnerait de plus amples renseignements. J'accostai un mousse à qui j'offris une chope, il me conduisit 57, rue Royale, dans un cabaret fréquenté par des matelots, des seconds et des capitaines.

Nous nous plaçâmes à une table au fond de la salle.

Nous causions depuis quelques instants quand tout à coup en levant la tête je vis un gendarme qui me contemplait fixement.

J'avoue que cette apparition naturelle en elle-même me fit pâlir, c'était le premier gendarme que je rencontrais depuis la scène des ruines d'Herrenfluch.

Le gendarme arriva à moi et me fit une question qui n'était pas bien maligne.

— Jeune homme, vous n'êtes pas du Havre?

— Non, j'y viens pour la première fois.

— Vous voyagez?

— Vous le voyez bien.

— Vous avez des papiers?

— Pourquoi faire, ils sont inutiles pour circuler en France.

Le gendarme se baissa à mon oreille et me pria de sortir avec lui.

Dans la rue, le gendarme me demanda comment il se faisait que je n'avais pas de papiers et si je n'avais rien sur moi pour établir mon identité.

Je répondis que j'avais des lettres [et aussitôt j'en remis deux au gendarme, l'une écrite en français, l'autre en allemand.

— Ce n'est pas suffisant, me dit-il, comment vous appelez-vous?

— Vanderbergue.

— Vander... Mais ce n'est pas un nom, jamais je ne prononcerai cela.

— Non, je suis belge.

— Eh bien, vous allez venir vous expliquer chez le procureur impérial ; voyons, je suis un bon enfant, dites-moi qui vous êtes et je vous laisse tranquille, je vois bien que vous n'êtes pas Belge?

— Vous avez raison, lui répondis-je, je suis de Roubaix.

Le gendarme ne me répondit pas, nous continuâmes à marcher, mais je marchais mal, j'étais gêné, le regard qui pesait sur moi me faisait passer par toutes les couleurs de l'arc-en-ciel à tel point que je n'osai pas lever les yeux.

Tout à coup, brusquement, le gendarme me dit : — Comment êtes-vous allé de Roubaix à Paris?

— Mais par le chemin de fer, parbleu.

— En passant par Pantin, n'est-ce pas?

A ce mot de Pantin je ne sais pas ce que j'éprouvai, une voiture passa entre moi et le gendarme, j'avais pour fuir deux routes à choisir, la rue de l'Arsenal et le quai Lamblardie. J'étais tellement troublé que je ne pris ni l'une ni l'autre. Je sautai à l'eau, malheureusement je sautai sur un radeau, la secousse me fit du mal, et je tombai à l'eau. Mon intention était non pas de mourir, mais de nager entre deux eaux, assez longtemps pour dépister les recherches ou pour fatiguer mes sauveteurs.

Je nageai vigoureusement, lorsque tout à coup je me sentis saisir par les cheveux. Je me baissai et je pris la jambe de celui qui me tenait ; aussitôt je reçus un coup de pied sur le bras, je lâchai prise et je perdis connaissance.

. . . .

Quand je revins à moi, j'étais au poste de police, entouré d'une foule de gens qui épiaient mes moindres mouvements. Pas un muscle de mon visage ne tressaillait.

Je refusai de répondre à aucune question. On me mit sur un brancard, et je fus porté à l'hospice dans la salle Sainte-Gabrielle. Cette salle est située dans le dernier bâtiment; on me coucha dans le lit n° 11.

Ah ! On en a pris des précautions pour moi, on a enlevé les montants en fer du lit, la corde à poignée qui aide les malades à se soulever, et pour compléter la chose un agent de police ne me quittait pas.

Toutes ces précautions étaient inutiles, je n'avais pas envie de me suicider. Je leur avais tant raconter de bourdes, que je conservais l'espoir que la justice s'égarerait.

A l'hospice on me demanda la permission de faire mon portrait, jamais ceux qui l'ont vu ne pourraient croire que c'est moi.

A ce qu'il paraît on était inquiet un moment sur ma santé, on craignait une congestion cérébrale, mon pouls battait 120 pulsations à la minute.

Malgré mon état nerveux, on déclara urgent de me porter à la prison, ça m'était bien égal, là ou ailleurs, puisque j'étais pincé !

On me porta dans une voiture de place. Le commissaire central et deux agents me tenaient dans leurs bras, j'étais roulé dans une couverture, on me conduisait à la prison, seulement on me déposa à l'infirmerie.

J'avais, comme je l'ai dit, refusé de répondre aux agents, au commissaire, au procureur impérial; pourtant M. Frédéric Saulnier, un magistrat poli et doux, me tourmenta tellement que je lui déclinai mon vrai nom, mais je lui répétai la fable que les journaux avaient répandue. Je lui dis que Kinck père et fils se réunissaient au grand café Parisien, que le père et le fils étaient les seuls auteurs de l'assassinat, que je n'étais que le complice passif, que les blessures que j'avais au bras et au visage m'avaient été faites en défendant les victimes. J'ajoutai que Kinck père m'avait remis les papiers trouvés en ma possession, et que nous devions nous retrouver en Amérique.

Le magistrat me crut ou ne me crut pas, je l'ignore, mais on me laissa tranquille.

Le lundi 27 septembre, de ma prison, j'entendais des bruits semblables à ceux que la mer produit les jours de tempête, je demandai à un gardien la cause de ce bruit, il me répondit ironiquement : «C'est la foule. »

— Si c'est la foule qui produit ce bruit il va y avoir du nouveau pour moi, pensai-je aussitôt.

Je n'attendis pas longtemps, on vint me prévenir que je partais pour Paris par le train de onze heures quarante-cinq. On me servit à déjeuner, je n'y touchai pas, j'étais surexcité; les événements qui venaient de se passer n'avaient pas altéré ma physionomie.

A ce qu'il paraît, la foule grossissait de plus en plus; encombrait la rue de la prison et les rues avoisinantes, les fenêtres étaient garnies de monde, c'était un océan de têtes. Voyant cette affluence extraordinaire, on jugea prudent de partir à onze heures.

Je montai en voiture, une voiture de place, où je m'assis entre M. Claude, chef de la police de sûreté de Paris, et son secrétaire. La voiture se mit en marche; le cocher avait beau fouetter ses chevaux, ils avançaient à peine, la foule montait comme le flot; M. Claude se serrait contre moi pour me protéger, car des menaces de mort étaient proférées par la foule; on criait: « A mort l'assassin! A mort le misérable! » Les uns, plus hardis, essayaient d'arracher les stores, d'ouvrir les portières, je crus bien que ma dernière heure était arrivée.

Nous arrivâmes cependant sans accident à la gare.

Pour rejoindre le compartiment qui m'était réservé, ce fut bien autre chose : la foule avait brisé les portes et envahi le quai d'embarquement, un peu plus, moi qui voulais aller en Amérique, j'allais goûter sa justice expéditive, on allait me *lyncher*.

Enfin, je parvins à m'installer dans mon wagon, un wagon de première classe, s'il vous plaît. Je me mis dans un coin, je passai mon bras dans l'embrasse, et je me cachai la figure dans mon mouchoir.

M. Claude ne m'adressa aucune question; il me demanda seulement si je voulais partager les provisions dont il était muni.

Je refusai.

Ce n'était pas l'émotion qui me dominait, qui m'empêchait de manger, mais j'étais impatient, irrité, je ne savais pas où j'allais. Où me conduisait-on ?

Partout où le train s'arrêtait, une masse de monde stationnait. Comment ce monde avait-il été prévenu de mon passage ? Je n'en sais rien; mais la curiosité engendre la patience, chacun cherchait à me voir.

C'est à Rouen que la curiosité fut la plus audacieuse : les voyageurs du train, massés autour de la portière, essayèrent de la forcer; on déchira même les stores; le train, à cause de cela, subit un retard.

En fait de foule, je n'avais rien vu encore comparée à celle qui m'attendait à Paris. Je suis bien sûr qu'aucun souverain, si populaire qu'il soit, ne verra jamais une telle quantité de peuple sur son passage, avide de saisir ses moindres traits.

Je dois dire que si on cherchait à me contempler, ce n'était pas précisément pour me bénir.

Le train entra en gare à cinq heures moins un

6

quart; avant que le train ne fût complétement arrêté, la portière s'ouvrit du côté opposé du débarcadère et une escouade d'agents m'enleva, me porta par une porte dérobée ; on me fourra dans un fiacre qui partit aussitôt au triple galop.

J'entendais les cris de la foule désappointée, mais nous étions hors d'atteinte.

Après avoir couru dix minutes environ, le fiacre s'arrêta tout à coup ; on me fit descendre de voiture, et j'entrai dans une salle..... Brusquement, M. Douet d'Arcq (je sus son nom plus tard) me demanda en me montrant les victimes étendues sur des tables de marbre noir :

— Reconnaissez-vous les cadavres que vous voyez exposés ici ?

Je fis quelques pas, réfléchissant à ce que je devais dire, car cette soudaine apparition était terrible ; j'eus bien vite repris mon sang-froid et je répondis sans qu'un muscle de mon visage exprimât la moindre émotion.

— Oui, je les reconnais ; ça c'est madame Kinck, ici c'est Émile, là Henri, Alfred, Achille et enfin la petite Marie.

Cette confrontation dura près d'une heure, il était temps qu'elle finît.

Nous partimes de la Morgue, toujours dans le même fiacre et au milieu de la même foule.

Après une course assez longue, la voiture entra dans une cour, et une grille se referma sur nous.

J'étais à Mazas.

Le gendarme Ferrand, qui a arrêté Troppmann.

6.

VII

Mazas.

—

Je descendis de voiture, et après quelques formalités usitées dans la prison, on me fit passer sous la toise ; avec un peu de bonne volonté j'aurais pu me croire au conseil de révision.

On me demanda mes noms, prénoms et professions ; puis après mes réponses, on me fit signer ma déclaration.

Immédiatement, des gardiens m'emmenèrent dans mon nouveau domicile ; je n'eus pas haut à monter, car la cellule est au rez-de-chaussée où l'on m'enferma.

Une fois la porte refermée sur moi, d'un coup d'œil, j'inspectai ma cellule et j'allai m'asseoir, brisé d'émotions et de fatigue, sur un escabeau fixé au mur.

Je n'étais pas trop mal logé et j'avais en outre quatre gardes du corps.

Ma cellule était ce qu'on appelle une cellule double, c'est-à-dire que pour un cas grave on abat la cloison de séparation.

Mon mobilier n'était pas luxueux.

Dans le fond de la cellule au-dessus de la porte se trouve une planche assez longue sur laquelle, pendant le jour, on met le lit plié.

Le lit !

Le lit, c'est un hamac, c'est-à-dire une bande de grosse toile grise dont la longueur est calculée de telle sorte qu'étendue sur toute la largeur de la cellule, elle ne l'occupe pas tout entière.

Ce hamac, quand vient la nuit, s'accroche au clou fiché dans le mur de gauche, il est garni à chacune de ses extrémités d'une barre de bois, chaque barre est ornée d'une chaînette en fer ; en les tirant fortement, on peut arriver à donner au hamac une position horizontale qui, ainsi disposé, est à cinquante centimètres de terre environ.

Sur la planchette du dessous à droite de la porte se trouve le matelas.

Ce matelas est une véritable galette et quand

on est couché dessus il ne pousse pas à la rêverie.

Dans le fond, près de l'escabeau, il y a une table et un baquet.

Sur une planchette, un vase rempli d'eau.

Au milieu de la porte, il y a un guichet et au milieu de ce guichet on voit un judas, c'est par là que les gardiens de service dans le couloir, surveillent constamment le prévenu, quand on le considère comme un homme dangereux ou qu'on lui suppose des idées de suicide.

J'étais classé parmi les gens dangereux.

On m'apporta à manger, je regardai ma nourriture d'un œil indifférent, je n'y touchai pas, il est facile de comprendre qu'après tant d'émotions, j'étais brisé.

Un prêtre vint me voir quatre fois dans la même journée; le brave homme épuisa toute son éloquence et tout son latin à me persuader d'avoir confiance en Dieu; il me dit que je devais me résigner à mon sort; c'est à peine si je lui répondis.

Avant de songer à Dieu, il fallait songer à moi, c'était plus pressé.

M. Claude aussi vint me voir; il me parla doucement, presque affectueusement, mais je me tenais sur la réserve, je n'avais pas encore combiné mon système de défense.

Les premiers jours de ma détention se passèrent bien tristement, j'avais demandé à lire *les Causes judiciaires*. Je ne sais pourquoi on refusa ma demande; je dus me contenter du *Magasin pittoresque*. C'était une lecture bien fade, mais quand on n'a pas ce que l'on aime, il faut aimer ce que l'on a; c'est ce que fis, j'en lus plusieurs livraisons.

Suivant les interrogatoires que je subissais, j'avais des alternatives de doute, de désespoir et d'espérance.

Dans un moment de désespoir, je refusai ma nourriture, j'étais résolu à mourir de faim.

C'est une mort bien cruelle, bien odieuse : sentir chaque jour, lentement, heure par heure, minute par minute. s'en aller la vie quand il n'y aurait qu'a tendre la main pour la retenir, à vingt ans, plein de santé, vigoureux, énergique, résister à l'estomac qui crie famine, il faut un rude courage.

J'essayai.

Puisqu'il fallait mourir, autant valait mourir de suite, si j'avais à souffrir, l'agonie serait moins longue.

Les deux prisonniers qui me tenaient compagnie, essayaient de me remonter le moral.

— Pourquoi désespérer, me disaient-ils, nous avons tous passé par-là. Tant que vous ne serez pas condamné, il faut toujours espérer que vous sauverez votre tête.

Je répondis en hochant la tête.

Eux comprirent que je disais non.

— Allons, du courage, ajouta l'un d'eux, si vous êtes condamné, vous aurez le pourvoi en cassation, puis ensuite le recours en grâce. Cela vous donnera du temps, et d'ailleurs, depuis que l'affaire Lesurques revient sur l'eau, les jurés appliquent rarement la peine de mort.

L'autre ajouta :

— Si vous tenez à mourir de faim, vous pourrez le faire à ce moment-là.

Un peu ébranlé par ce raisonnement, je me décidai à manger.

Je n'osai pas me lier avec mes compagnons : j'avais lu qu'il est d'usage d'enfermer avec les détenus des gens, qu'en argot de prison, on nomme des *moutons*, que ces gens-là font causer le prévenu, qu'ils épient son sommeil, ses moindres gestes, et qu'ensuite ils racontent tout au juge d'instruction, en conséquence je m'observai la nuit et le jour.

Le jour je parlais peu, et la nuit je feignais de dormir.

Après la découverte du cadavre de Gustave Kinck, découverte à laquelle j'étais loin de m'attendre, je fus reconduit à la Morgue; tout se passa comme la première fois.

Je reconnus le cadavre.

A mon retour à la prison, je retrouvai mon calme et je renonçai tout à fait à me laisser mourir de faim, j'étais décidé à lutter jusqu'au bout.

Un de mes co-détenus pour qui, malgré ma répugnance, j'avais quelque sympathie parce qu'il était aux petits soins pour moi, me dit que je faisais bien de rester tranquille, le directeur de la prison ayant le droit de me faire endosser la camisole de force.

La camisole de force !

— Ah! si j'avais su ce que c'était, comme j'aurais été reconnaissant.

Mais n'anticipons pas.

Presque tous les jours j'étais appelé chez le iuge d'instruction; j'y faisais de longues séances, mes interrogatoires me fatiguaient beaucoup. C'est un homme bien fort que M. Douet d'Arcq. J'avais à lutter de finesse avec lui, ce n'était pas facile; il me prenait à l'improviste, il discutait mes réponses, il calculait l'emploi de mon temps, il me prouvait que j'étais seul coupable, il me retournait dans tous les sens, il m'enveloppait dans un filet dont les mailles étaient si étroites que je sentais bien qu'il me serait difficile d'é-

chapper ; il profitait de mes moindres contradic-
tions, il m'acculait. Bref, malgré mon calme,
mes réticences, mes réserves et mon mutisme,
il me tirait toujours quelque chose.

C'était trop pour moi et trop peu pour lui au
gré de ses désirs.

Le juge d'instruction s'attache au prévenu
comme le lierre à l'ormeau, c'est une pieuvre
qui vous étreint, qui vous enlace de ses ten-
tacules, qui vous suce la vérité par tous les
pores.

Ah ! il faut être un malin pour ne rien lâcher !

Je maintenais absolument ma première ver-
sion que c'était Jean Kinck et Gustave Kinck
qui avaient assassiné la famille ; depuis la découverte du cadavre de Gustave, je disais que
Jean avait tué Gustave pour se débarrasser d'un
témoin importun.

On ne me croyait pas.

Je commençais à être fatigué ; la contrainte
que je m'imposais me tuait sourdement ; néanmoins le temps marchait et je pouvais prévoir
l'époque où j'allais passer aux assises.

L'instruction était close, mais je ne saurais
dire, à l'approche du dénoûment, ce qui se passait en moi. J'avais des frissons, des visions,
j'avais peur et j'aurais donné beaucoup pour re-
tarder l'instant fatal. J'espérais d'ailleurs que

mon complice se ferait prendre de lui-même, puisqu'à aucun prix, je ne pouvais le nommer.

Harcelé par mes gardiens, par M. Douet d'Arcq, par M. Claude, par M. Souvras, je déclarai que j'étais prêt à faire des révélations.

Je racontai que j'avais tué Jean Kinck, mais je ne désignai la place que vaguement, je demandai à être transporté en Alsace, et qu'une fois là, je ferais découvrir le cadavre.

J'espérais m'évader en route, soit en sautant par la portière du wagon, soit à Cernay. Je remis même à M. Claude une lettre pour prévenir ma famille de mon arrivée, en le priant d'y ajouter la date que je laissais en blanc.

Voici la teneur du billet :

« Mes chers parents,

« J'arrive le...., *préparez tout.*

« J.-B. Troppmann. »

Je n'allai pas en Alsace, et le billet ne fut pas envoyé.

Le 13 novembre, M. Desarnauts, procureur impérial, se transporta à Mazas; je lui dis que c'était moi qui avais fait le coup; il me fit signer ma déclaration.

C'est ce que j'ai raconté plus haut, moins le complice.

Le 23 novembre, je réitérai mes aveux devant mon juge d'instruction, par suite de l'arrêt de la chambre des mises en accusation, qui avait ordonné un supplément d'instruction.

A ce qu'il paraît, on alla chercher le cadavre de Kinck père, mais les recherches furent inutiles, on ne le trouva pas.

M. Souvras vint alors à la prison et je lui fis le plan de l'endroit où le crime s'était commis et de la place où était enterrée la victime.

Il repartit en Alsace, et enfin on découvrit le cadavre.

On allait donc me laisser tranquille pour quelque temps.

N'ayant plus beaucoup de soucis, je m'occupai de ma pauvre famille.

Quelle était sa position ?

Que faisait ma pauvre mère ?

Comment les traitait-on à Cernay ?

On devait les montrer au doigt, on devait fuir leur contact, eux, les parents de l'assassin !

La nuit, quand mes gardiens croyaient que je dormais paisiblement, je pleurais.

Le jour j'écrivais à ma mère, un peu à tout le monde, des brouillons que je déchirais.

Dans ma famille, on ne me croyait pas seul coupable.

A ce sujet, mon père m'écrivit la lettre suivante :

Cernay, 29 septembre 1869.

« Malheureux fils,

« Je ne peux plus douter maintenant de l'horreur de ta position ! Et, c'est brisé de douleur et dans l'impossibilité où je suis de t'écrire, que je m'adresse à des personnes compatissantes qui veulent bien me servir d'interprètes.

« On m'apprend que tu *refuses de nommer tes complices !* Mais si tu ne les nommes pas, malheureux, tu laisseras croire au monde entier qu tu es le seul coupable !

« Au nom de ta mère qui se meurt de douleur, de tes frères et de tes sœurs qui t'aimaient tant, au nom de Dieu que nous t'avons appris à craindre et à adorer, je te conjure de désigner tes INFAMES COMPLICES à la justice des hommes.

« Oui, songe à ta famille ! Il n'est pas juste qu'elle supporte seule le souvenir impérissable de l'horrible forfait.

« C'est le suprême adieu d'un père dont la vieillesse est flétrie.

« JOSEPH TROPPMANN. »

J'ai un frère soldat dans l'artillerie de la marine, et un autre marié et établi à Mulhouse. Le soldat Edmond Troppmann, c'est un brave cœur, honnête, aimé de ses chefs et estimé de ses camarades ; c'est la droiture, le dévouement et la loyauté incarnés.

Combien il a dû souffrir aussi, celui-là ! Mais heureusement qu'aujourd'hui il n'y a plus de préjugés, que les fautes sont personnelles et que mon crime ne rejaillit pas sur lui.

Je répondis à mon père, mais j'adressai la lettre à mon frère, à Cherbourg.

Voici ma réponse, elle est du 14 octobre.

« Cher frère,

« Ne repousse pas ces quelques lignes que je t'écris dans cette lettre, je n'ai pas le courage d'écrire à nos pauvres parents, tâche de les consoler autant qu'il est en ton pouvoir ; dis-leur qu'ils ne doivent pas me regarder pour si coupable que le disent les journaux, tu peux leur dire avec assurance que je ne suis pas un assassin comme ils le croient peut-être en ce moment, quoique je sois accusé comme tel. Si seulement tu ne serais pas soldat pour que tu pourrais du moins aider à soulager la misère dont notre famille est accablée ou que tu puisses faire quelque invention qui rapporterait un peu d'argent pour qu'ils puissent aller en Amérique ; car en France ils n'auront plus de repos. Là du moins la honte ne les poursuivrait pas, fais ton possible pour les soulager, pour moi je ne saurais rien faire que pleurer sur leur sort. S'il arrive quelque chose dans notre famille, tu auras la bonté de me l'écrire, je ne peux pas demander des nouvelles, car je pense bien dans quelle position qu'ils sont. Si je suis triste, ce n'est qu'à cause d'eux, le malheur m'a voulu et je m'y soumets.

« Embrasse mes parents de ma part, quoiqu'ils me croyent peut-être indigne de cette faveur.

« Ton malheureux frère,

« J.-B. TROPPMANN. »

Mon frère exécuta mon désir, il adressa cette lettre à ma sœur Françoise, en y ajoutant ce *post-scriptum* :

« Je lui ai répondu aussitôt en LE CONJURANT DE DÉNONCER SES COMPLICES. Je vous enverrai sa réponse aussitôt que je l'obtiendrai. Je reste votre fils dévoué pour la vie.

« E. TROPPMANN. »

Depuis mon arrestation, le moment le plus douloureux que j'ai passé est celui où mon pauvre frère est venu dans ma prison.

Un jour sans être prévenu, je vis la porte de ma cellule s'ouvrir brusquement, je me retournai aussitôt et, dans la pénombre de la porte, en pleine lumière, je vis mon frère debout, la casquette à la main, pâle comme un spectre, s'appuyant au mur pour ne pas tomber, et d'une main comprimant les battements de son cœur, il me regarda fixement, sans me voir sans doute, car ses yeux étaient pleins de larmes, de grosses larmes qui coulaient silencieusement dans les sillons produits sur son visage par la douleur et la honte.

Je fus comme pétrifié par cette apparition, je voulais me lever, impossible de bouger, j'étais comme rivé à mon escabeau, je voulais parler, ma langue était collée au palais, ma gorge était sèche, enfin, maîtrisant mon émotion, d'un bond je me précipitai à ses genoux.

— Mon pauvre frère, pardonne-moi pour la famille.

Lui, au lieu de répondre, sanglotait.

Enfin, ramené tout doucement au sentiment de la situation, il me releva, me prit la main, et nous causâmes.

Mon pauvre frère, dans sa simplicité, ne pou-

vait, ne voulait pas croire à mon crime. — D'ailleurs, me disait-il, l'opinion publique connaissant
ton extrême jeunesse, se refuse à croire que tu
aies pu accomplir seul un pareil forfait. Si c'est
toi qui, par un écart d'imagination monstrueuse.
a machiné le crime, tu es moins coupable que
si tu avais frappé, avec tes complices; en dimi-
nuant ta part de responsabilité, tu diminues
notre part de honte.

Je baissai la tête sans répondre.

Mon frère ne pleurait plus, ses yeux étaient
secs, brillants, ses regards comme des lames
d'acier semblaient vouloir plonger dans les plis
les plus secrets de mon âme.

A mon tour je pleurais, mais je continuai à
garder le silence.

Mon frère me prit par le bras, il me secoua
rudement.—Mais parle donc, me dit-il, ce n'est
pas maintenant qu'il faut pleurer ; il faut expier
courageusement ta faute, puisque tu n'as pas eu
la volonté de demander ton existence au travail,
il ne faut pas être lâche devant l'expiation. Tu
as bien eu le courage de frapper ou de faire
frapper une pauvre famille qui remplaçait la
tienne, tu dois avouer.

Allons un bon mouvement, avoue.

Je ne répondis pas.

—Mais malheureux, reprit-il, ton amour pour

notre pauvre mère n'était donc qu'une comédie, tu ne sais donc pas que, depuis ton crime,
elle vit machinalement, c'est un corps qui n'a
plus d'âme, elle est presque aveugle, les larmes
ont usé ses yeux, la douleur l'a courbée sous sa
main de fer, elle avait résisté au travail, à la
misère, elle s'est affaissée sous le poids de ton
crime ; le père est presque fou, il ne cesse de
pleurer jour et nuit. . .   .   .

.   .   .   .

.   .   .   .

.   .   .   .   . Quand nos pauvres et tristes
sœurs qui font vivre la maison vont le dimanche
à l'église prier Dieu pour toi, la foule s'écarte
pour les laisser passer, ce n'est pas comme autrefois par un témoignage de respect, c'est pour
ne pas toucher les robes des sœurs de l'assassin.

Le sang versé à Pantin a rejailli sur nous.

Allons, avoue.

Je ne répondis pas.

Mon frère se mit à mes genoux, il fit appel à
nos souvenirs, à tous les sentiments qui pouvaient faire revivre dans mon cœur une émotion quelconque.

Je gardai le silence.

Il se releva et me dit adieu.

La porte s'ouvrit puis se referma brusquement. Je m'élançai et je criai : — Frère !...

6.

Rien, il était parti.

Je me baissai et je baisai respectueusement la trace de ses pas.

J'allai m'asseoir sur mon escabeau et, la tête appuyée dans mes mains, je me mis à pleurer à chaudes larmes en murmurant tout bas : — Mon frère a raison, j'ai tué deux familles d'un coup.

. . . .

Je me préparai pour la cour d'assises, mais en attendant je faisais des *réussites* pour connaître mon sort ; je ne suis pas d'une crédulité excessive, mais j'étais heureux quand par hasard la combinaison réussissait ; c'était une lueur d'espoir, et le prisonnier, comme le noyé, se racroche au moindre brin d'herbe.

Étant jeune, on me disait que mon nom avait une fatale signification.

En effet, en Alsace, *Tropf* veut dire misérable dans le sens du mépris, *mann* veut dire *homme*.

Tropfmann s'est changé en *Troppmann*.

Ces cas d'adoucissement de prononciation et d'orthographe par le doublement d'une consonne sont très-fréquents en linguistique.

Un jour, je reçus la visite d'un avocat, il venait me supplier de lui confier ma défense. C'était un homme jeune, très comme il faut, très distingué.

Je le remerciai, et, comme il insistait, je lui dis brusquement : — Ah çà ! vous tenez donc absolument à faire parler de vous en défendant un criminel célèbre ?

Il me répondit carrément : — Oui !

— Eh bien ! ajoutai-je, ce n'est pas la peine que vous me sollicitiez tant, je vois sur votre figure que vous n'avez pas deux ans à vivre.

L'avocat devint pâle comme un linge et il court encore.

On m'a dit depuis qu'il avait pris ma prédiction au sérieux et qu'il en est encore malade.

J'ai dit que je causais volontiers avec un de mes compagnons. Quelquefois il était drôle, amusant, il me racontait un tas d'histoires.

— Sais-tu, me dit-il un jour, si tu n'avais pas avoué, quel moyen on aurait employé ?

— Non.

— Un moyen bien simple et qui ne rate jamais.

— Lequel ?

— Écoute.

Il est des prévenus dont la conscience reste muette, sur qui le remords glisse comme un traîneau sur la glace.

L'autorité a bien la cellule, ici nous sommes avec toi, tu n'en connais pas les horreurs, mais ceux qui sont seuls, cela fait frissonner.

Pour ceux-là cellule veut dire : absence d'air, solitude, ennui, mort anticipée, le prisonnier s'y voit mourir lentement, froidement, fibre à fibre ; combien de prisonniers de ce genre ne paye-raient-ils pas une larme, une seule, tombant sur le visage d'un être humain dont ils ont ou-blié les traits. Le soleil n'a pour eux aucun joyeux et chaud rayon, ils désapprennent la vie, ils se regardent dissoudre et s'écoutent pourrir.

Eh bien sur certaines organisations ce sys-tème est sans effet, le prisonnier s'atrophie ou evient fou, mais il ne parle pas !

Après cinq ou six semaines de ce régime, un ami ou un gardien insinue doucement au pri-sonnier qu'ayant été bien sage, s'il demandait à faire une promenade on le lui accorderait facile-ment.

Une promenade ! comprends-tu ? Sentir l'air à pleins poumons ! le prisonnier se transfigure, il se redresse fiévreusement et d'une main trem-blante il signe sa demande, il signerait des deux s'il le fallait.

Le lendemain on le revêt d'une blouse, — ce vêtement cache mieux les menottes, — et les portes de la prison s'ouvrent à deux battants.

Au grand air le prisonnier ahuri, hébété, chancelle ; si un agent ne lui donnait le bras, il tomberait comme une masse, la liberté agit comme l'alcool, elle le grise; en une minute il oublie ses longues souffrances.

De temps en temps les agents lui offrent un petit canon ou une chopine...

Pour ces consommations, il existe des cabarets spéciaux, des agents sous différents costumes y sont attablés à l'avance, buvant, fumant, chantant, comme des gens qni s'amusent pour leur propre compte.

A un moment donné les agents qui accompagnent l'accusé, le laissent en tête à tête avec les soi-disant buveurs.

Le vin blanc, l'atmosphère, la conversation, achèvent l'œuvre du changement d'air; la tête lui tourne, il a le vertige, et, après quelques stations habilement calculées, le prisonnier, de mutin qu'il était, devient communicatif; comme il n'a aucun soupçon, il cause, il en prend pour six semaines, tout doucement on l'amène à parler de son crime; il avoue peu à peu, et lorsqu'il rentre à la prison, la justice est éclairée. Tu vois, c'est pas malin.

— Ceux qui parlent ne le sont guère plus. Mais tu plaisantes, ton histoire, c'est de la fantaisie.

— Pas du tout. Te rappelles-tu Avinain, Avinain le boucher, c'est le moyen qu'on a employé;

il avait tant de regret de s'y être laissé prendre,
qu'en montant sur l'échafaud, il s'écria :

« N'avouez jamais ! »

A ce mot échafaud, mon compagnon cessa subitement la conversation.

J'avais des plumes et du papier à ma disposition. J'écrivais beaucoup, je faisais des vers ; on
m'a dit qu'un journal en avait publié.

En voici qui sont inédits:

LE CHÊNE ET SON REJETON

Tant qu'un chêne bercé par un vent doux et frais
Tient sa tête géante
Debout et ferme au-dessus des forêts,
Il peut naître à ses pieds une jeune plante
Un frêle rejeton,
Qui, des veines du tronc,
Sans cesse s'alimente
Et grandit sous sa protection.
Pour l'arbuste naissant, point de soleil qui tue,
Sur lui le chêne étend l'ombre de ses rameaux
Et, de sa feuille large et drue,
Le préserve des eaux.
Mais par les grands vents qui conspirent sa ruine
Que le chêne battu tremble, se déracine

Et tombe ; son enfant, pâle orphelin,
Aujourd'hui sans tutelle
Et sans la séve paternelle,
S'affaisse sur sa tige et tombera demain.

J'en ai fait bien d'autres !

Le temps approchait, j'écrivis à M. Lachaud s'il voulait accepter ma défense, il me répondit que oui et vint me voir.

J'étais tranquille de ce côté-là.

Un jour, j'eus l'idée que je pourrais m'évader..

Il ne fallait pas songer à scier les barreaux ni à tromper la surveillance incessante dont j'étais l'objet. C'est un vieux moyen.

Je me rappelai confusément qu'un prisonnier dans ma situation avait pris un narcotique, et qu'à l'infirmerie, où il passa pour mort, on le rendit à sa famille ; que le prisonnier, revenu de son sommeil, passait en Amérique, sans avoir désormais rien à redouter de la justice des hommes.

Cette idée, d'abord à l'état d'embryon, germa peu à peu dans mon cerveau ; elle me sembla possible, pratique, et je songeai au moyen à employer pour la mettre à exécution.

Mes compagnons me voyant devenu sombre

subitement, jugèrent que je couvais quelques projets.

Comment le devinèrent-ils? je n'en sais rien; peut-être que, dans mon sommeil, je laissai échapper quelque chose.

Toujours est-il qu'un soir que j'étais couché l'un deux raconta tout haut l'histoire qui me préoccupait, seulement la fin n'était pas la même.

Le prisonnier mort à l'infirmerie avait été porté à l'amphithéâtre et pendant son sommeil les élèves en médecine l'avaient scalpé, ouvert, charcuté.

Décidément c'était un mauvais moyen et mieux valait encore attendre.

M. Claude venait me voir souvent, c'est un brave et digne homme qui sait allier les devoirs et la sévérité du magistrat à l'humanité de l'homme.

Ce qui me faisait l'aimer beaucoup, c'est qu'avec lui je causais de ma famille ; il m'en donnait des nouvelles, pas vraies, hélas ! car j'ai appris depuis qu'une de mes malheureuses sœurs est morte, mais aussi peut-être me l'a-t-il caché pour ne pas m'accabler davantage. Je dois lui en savoir gré.

A la prison, j'étais admirablement traité ; on s'empressait à satisfaire mes moindres désirs.

Un photographe vint un jour pour faire mon

portrait, je ne voulais pas poser, cela m'ennuyait, pourquoi? parce que je pensais qu'il voulait en tirer profit, j'aurais voulu que ma malheureuse famille en profitât.

Le terme fatal approchait; ma comparution aux assises était fixée au 28 décembre. Mon avocat venait souvent conférer avec moi ; il paraissait avoir confiance, je n'étais pas précisément de son avis, mais je n'en laissais rien apercevoir.

Quelques jours auparavant, on vint me chercher pour me transférer à la Conciergerie.

A la Conciergerie, c'est plus commode, on t plus près des assises, on peut monter dans la salle de l'audience sans être vu du public.

Enfin, je quittai Mazas; j'y avais bien souffert, mais moralement seulement, car directeur et employés, chacun avait, dans sa sphère, adouci ma captivité.

VIII

La Cour d'assises.

———

La Conciergerie, c'est la salle d'attente, l'anti-
chambre du bagne ou de la mort; pourtant on
n'y est pas trop mal.

Je passais une bonne partie de la journée à
jouer au bouchon ou aux cartes; je ne m'y
ennuyais pas, car les gardiens et mes compagnons
faisaient tout ce qui est humainement possible
pour me faire oublier la date à laquelle je devais
régler mon compte avec la justice.

Vendredi, jour de Noël, je faisais une partie
de piquet avec mon co-détenu et un gardien.
Nous jouions deux sous en cent cinquante liés.

La chance me favorisa.

— Voyons, leur dis-je, si nous faisions réveillon; c'est aujourd'hui Noël, jouons la soupe aux choux et du boudin.

Et je me mis à rire à gorge déployée.

Je ne sais pourquoi mes compagnons ne riaient pas.

Tout à coup, l'un d'eux dit :— Eh bien, jouons.

Je rejetai brusquement les cartes loin de moi.

—Si tu ne veux pas jouer, me dit un gardien, il faut aller coucher.

— Je ne veux pas, non, non ! m'écriai-je ; je ne veux pas jouer, je ne sais pas ce qui vient de me prendre, la tristesse m'envahit; puis, après un moment de réflexion... jouons tout de même, cela chassera le noir que j'ai dans l'âme.

Nous jouâmes passé minuit.

Au moment de nous mettre à table, je pensai tout à coup au pays, je pensais tout haut :—Il y a deux ans j'allais à la messe de minuit avec ma pauvre mère, il faisait un froid horrible. En revenant, j'envoyais des boules de neige à mes camarades ; ma pauvre mère était gelée. Je me souviens qu'en rentrant à la maison, toute la famille était assise autour d'une table, sur laquelle, dans une immense soupière, fumait une soupe aux choux, avec du saucisson et du jambon.....

On nous servit, dans ma cellule, un bon souper, du vieux vin et de l'excellent boudin. Je

Le Calfat Hauguel qui a sauvé Troppmann en plongeant
dans le bassin du Hâvre

devais toutes ces douceurs à l'obligeance du directeur, un brave homme encore, celui-là.

Je passe rapidement sur mon existence pendant les trois jours qui me séparaient de la cour d'assises, d'ailleurs le champ où je vivais est si restreint qu'il n'y a pas grand'chose à glaner.

Le 28, au matin, j'étais debout de bonne heure. M. Lachaud avait désiré que je fusse rasé, de façon à avoir à l'audience la même physionomie que le jour du crime, et puis il était persuadé que l'absence de barbe me rendant plus jeune, les jurés s'intéresseraient en ma faveur.

Le directeur, craignant de ma part un acte de désespoir, ne voulait pas accéder au désir de mon défenseur; pourtant, après de longs pourparlers, il consentit.

On me lia les pieds et les mains, puis le *coiffeur* de l'établissement, avec une dextérité merveilleuse, me rasa en deux tours de main.

Le contact du rasoir me produisit un singulier effet. J'eus un instant la pensée, pensée rapide comme l'éclair, de m'appuyer sur le rasoir; mais on me tenait la tête assez énergiquement pour que je comprisse que toute tentative serait inutile.

Le lendemain, je voulus faire recommencer l'opération, mais M. Grosbon, le directeur, n'y voulut pas consentir.

En apprenant le refus de M. Grosbon, je me mis à rire à gorge déployée et j'avouai aux gardiens et à mes co-détenus que si j'avais encore demandé à être barbifié, c'était seulement pour leur faire peur.

Enfin les gendarmes vinrent me chercher; l'un marchait devant, j'étais au milieu, et plusieurs venaient par derrière.

Après avoir traversé un couloir et gravi un escalier interminable, assez obscur, une porte faisant partie de la muraille s'ouvrit tout à coup.

J'étais dans la cour d'assises !

Sortant de l'obscurité et me trouvant tout à coup dans la lumière, je me trouvai ébloui et j'hésitai un instant; cet instant fut court, je sautai légèrement sur les bancs des assises, puis je m'assis.

Je portais la tête droite, mais j'évitais autant que possible de regarder au fond de l'auditoire.

Vers onze heures, on annonça la cour.

Quoique je ne regardasse pas la foule qui encombrait la salle, je sentais que tous les regards convergeaient vers moi, et que j'étais l'objet d'une ardente curiosité; je dis en souriant au gendarme qui était placé à ma droite : — Comme il y a de jolies femmes ici, et comme elles me dévorent des yeux, je produis donc de l'effet ?

A ce moment, le président me dit :

— Accusé, levez-vous. Votre nom ?

— Troppmann.

— Vos prénoms ?

— Jean-Baptiste.

Votre âge ?

— Vingt ans.

— Votre profession ?

— Mécanicien.

— Où êtes-vous né ?

— A Cernay.

On me fit asseoir, puis ensuite le greffier lut l'acte d'accusation ; j'écoutais assez attentivement, mais cela me parut bien long.

Je ne sais pourquoi mes yeux étaient constamment fixés sur la table chargée des pièces à conviction.

Dans ma mémoire, toutes les phases du crime étaient présentes, ces vêtements sanglants me faisaient mal, mais je ne sais quelle puissance magnétique me forçait à les contempler.

On procéda à l'appel des témoins, puis on les fit retirer, ensuite le président m'interrogea.

Je me défendis pied à pied, réfutant l'accusation, rétablissant la vérité des faits ; peu à peu je m'animai, j'oubliai la foule, je discutai énergiquement.

On suspendit l'audience.

Pendant la suspension, j'étais le point de mire de chacun, je riais en moi-même de voir la stupidité de tout ce monde, pressé, empilé comme des harengs dans un tonneau, mourant de chaleur, de soif et de faim, et pourquoi?

Pour me voir, moi, Jean-Baptiste Troppmann ! moi, comme on m'appelle, l'assassin de Pantin, j'étais le héros du jour !

L'audience finit vers six heures.

J'étais las, j'avais besoin de me reposer. Aussitôt arrivé à ma cellule, j'ai demandé à manger, j'avais faim !

En attendant, j'ai appelé mon compagnon.

— Tu parais bien gai, me dit-il; ça va donc bien ?

— Oh ! comme ça, la journée a été rude, mais il en faudrait de plus rudes encore pour m'abattre, l'estomac est solide et l'appétit est bon.

— Ah ! à propos, tu devais avoir du beau monde à l'audience, une chouette chambrée; les personnes que tu as vues t'ont-elles contrarié ?

— Pas trop.

— Tu as revu des pays, cela a dû te faire plaisir ?

— Oui, des témoins, mais ils ne savent pas grand'chose; on aurait mieux fait de les laisser chez eux.

— Peut-être que...?

— Tu sais, je n'aime pas les questions indiscrètes ; j'ai eu assez du juge d'instruction.

Après mon diner, un gardien me demanda si je désirais quelque chose.

— Oui, lui ai-je répondu : du café, je n'ai peut-être plus longtemps à en boire.

Après avoir bu mon café, on causait de moi, bien entendu ; les autres faisaient tous leurs efforts pour détourner la conversation ; au contraire, je la ramenais sur le même sujet.

Je demandais ce qui se passait après une condamnation.

On me répondit des choses auxquelles je ne compris rien.

— Bah ! dis-je, après la fin le commencement.

A la seconde audience, je me défendis encore très-bien. Je remarquai qu'il circulait dans les mains des assistants une petite brochure, je voulus la lire ; en voici l'analyse :

« Une trop grande contention d'esprit, l'agitation causée par les passions, fatigue, irrite, épuise le cerveau. En persistant, cette agitation produit le vertige, des hallucinations et presque le délire ; elle peut amener des inflammations partielles et totales des substances du cerveau.

« L'affection pathologique le plus souvent produite par ces causes perturbatrices est la *manie*. Ce sera une manie raisonnante, si le malade est doué d'un caractère énergique, s'il a une idée fixe longtemps soutenue, si son esprit toujours tendu vers le même objet a poursuivi un but avec ardeur, si un espoir longtemps caressé et nourri a été brusquement détruit, si son orgueil et son ambition ont eu des mécomptes.

« Dans cette situation un individu est exposé aux congestions chroniques du cerveau. Elles se manifestent par une douleur obtuse, continue dans les tempes; on éprouve une forte migraine. Cette douleur est le résultat du plus grand nombre de pressions cérébrales. La preuve en est dans l'accélération violente du pouls et des mouvements respiratoires. Au lieu de 86 compressions par minute, le cerveau en subit 100, 120, 140 même. On est près du délire.

« Rapprochement singulier, on éprouve des douleurs aux tempes, et c'est dans la région temporale que la crâniologie place l'instinct de la monomanie homicide! Sans ajouter à cette notion plus de confiance qu'elle n'en comporte, c'est pourtant une remarquable coïncidence.

« La présence prolongée de ces phénomènes physiologiques finit par déterminer un état pathologique normal pour l'individu qui en est l'objet, et inappréciable pour les personnes qui l'entourent.

« Il est fou, mais ses bizarreries, ses hallucina-

tions sont mises, par son entourage, sur le compte
d'une imagination trop active et trop féconde.
On le considère comme un homme supérieur;
lui-même peut se regarder comme un homme
de génie, et sa folie ne fait que s'accroître par
cette disposition.

« Telle a été la situation de Troppmann. Il faut
maintenant appliquer aux faits les considérations
que nous venons d'exposer.

« Troppmann est tout jeune; son intelligence
active et précoce a commencé à fonctionner bien
avant que le système cérébral eût acquis chez
lui tout son développement. Il s'adonne ardem-
ment à la mécanique. Ses facultés intellectuelles
sont toujours tendues, et l'esprit de combinaison
qu'exige la science de la mécanique imprime
de fortes et de fréquentes secousses à son cerveau.

« Il passe de longues heures à poursuivre quelque invention capable de lui donner la réputa-
tion et la fortune. Il travaille sans relâche, il
se croit au moment de triompher : il a décou-
vert une busette qui doit faire révolution dans
l'industrie. Mais, pour réaliser sa découverte, il
lui faut de l'argent. Il trouve Jean Kinck disposé à le seconder comme bailleur de fonds.
Mais ne lui volera-t-il pas son secret? Troppmann ne sera-t-il pas exposé à perdre le fruit

8.

de ses peines? Ces alternatives d'espérance et de crainte viennent encore agir sur un cerveau déjà bien comprimé.

« Pendant une de ces alternatives de défiance et de crainte, il imagine de se débarrasser de son confident Jean Kinck, tout en se procurant une somme sur les ressources de ce dernier. Il ne réussit pas, après le meurtre, à mettre la main sur les 5,500 francs dont il avait rêvé la possession, et il se décide à tuer les autres membres de la famille, espérant trouver quelque combinaison pour toucher les 5,500 francs sans qu'un seul membre da la famille Kinck puisse lui faire obstacle.

« La première période de cette époque de la vie de Troppmann a été la formation de la folie; la seconde période a été celle où il traduit sa folie par huit meurtres. Vient ensuite la troisième période qui commence à l'instant où il fit dans les journaux la découverte des six cadavres dans la plaine de Pantin et l'horreur que son crime inspire à tout le monde. Il s'opère une révolution chez lui. Frappé de terreur, il prend la fuite. Il va spontanément à un port de mer, au Hâvre, point de départ qu'il avait rêvé pour aller en Amérique quand il comptait sur les 5,500 francs.

« Pris par le gendarme Ferrand, il lui échappe,

et courant vers un bassin de ce port, il se jette dans cette eau froide, échauffé par sa course. Il veut se noyer, il avale de l'eau de mer en abondance. Il reçoit déjà, par cette immersion et par l'ingestion d'un purgatif puissant, un des traitements les plus énergiques que l'on puisse appliquer à un homme atteint de folie.

«Ensuite est venue, pour ramener Troppmann à la raison et à la conscience de ses crimes, cet état de calme, fruit de son séjour à l'hôpital et en prison, auquel état n'ont pas peu contribué les exhortations de ses gardiens à dire la vérité, et son contact presque continu avec les témoins pendant l'instruction.

« Le cerveau est animé d'un double mouvement : l'un dû à l'action respiratoire, l'autre à l'impulsion du cœur. A l'état normal, ce double mouvement comprime le cerveau contre la boîte crânienne 86 fois par minute, soit 16 fois pour la respiration et 70 fois pour les battements de cœur.

«Tout ce qui augmentera et diminuera le nombre de ces pressions produira un trouble dans les fonctions de l'organe cérébral. »

Le docteur A. Bertrand est très-ingénieux, mais ce n'est pas ça du tout.

Après l'audience on me reconduisit comme d'habitude.

Dans ma cellule mon compagnon me demanda :

— T'en es-tu bien tiré?

— J'ai parfaitement répondu.

— As-tu parlé du portefeuille? c'est une fameuse planche de salut.

— Certainement.

— As-tu dit où il était?

— Tais-toi, ce n'est pas ton affaire.

Je me couchai plus tard, mais je ne pouvais pas dormir; je songeai au lendemain.

Ennuyé, je demandai à mes gardiens : — Que se passera-il demain?

Personne ne me répondit.

Je réitérai ma question.

On me dit : — On ne sait pas !

Je m'endormis quelques minutes d'un sommeil fiévreux, agité, puis brusquement :

— Dormez-vous? leur dis-je.

— Non.

— Pensez-vous que cela finira demain?

— Probablement.

— Finir, finir! mais de quelle manière?

— Cela dépend, si l'on a cru à vos complices, tout va bien.

— Calme-toi, me dit mon compagnon, la journée de demain, c'est la plus roide.

Je ne pus m'endormir. Demain, répétais-je

sans cesse : demain ! je me levai ; debout, je suis mieux ; aussitôt sur le sol, je reprends toute ma vigueur, toute ma volonté.

Vers neuf heures, j'étais immobile, le visage tourné vers le mur ; tout à coup, je me levai comme un fou furieux et je me suis écrié :

— Je ferai...

Je compris que j'avais déjà assez parlé, je me tus.

— Oh ! que je voudrais être à ce soir, m'écriai-je.

En arrivant dans la salle d'audience, j'avais repris toute mon énergie.

Pendant cette audience le public, encore plus avide que de coutume, de voir mes impressions, se levait à chaque instant, mais je baissais la tête entre mes deux gendarmes.

Il était volé.

Le procureur impérial demanda ma tête.

M. Lachaud prit la parole, le public se tut comme par enchantement, le silence le plus absolu régna dans la salle.

Pendant toute sa plaidoirie, que j'écoutai religieusement, j'avais des alternatives de doute et d'espoir ; il parla longtemps, mais pas assez bien, paraît-il, pour convaincre les jurés.

Quant il eut fini, le président fit son résumé, puis le jury se retira dans la salle des délibérations.

Je fus conduit dans une pièce voisine.

C'en était fait, dans quelques minutes j'allais connaître mon sort.

Je rencontrai beaucoup de sergents de ville sur mon passage, un plus curieux, ou plus audacieux que les autres, m'adressa la parole.

— Que pensez-vous de votre affaire? me dit-il.

— J'en ai mauvais augure, on n'a pas cru au portefeuille, je devine ce qui m'attend; mais je vous assure que quel que soit le résultat, je dînerai tout de même ce soir.

— Comment, dans un moment aussi terrible, vous pensez à manger?

— Tiens, vous êtes bon, depuis ce matin, je n'ai dans le ventre qu'une tasse de chocolat... 'ai l'estomac dans les talons...

Un coup de sonnette coupa court à mes réflexions

On me fit rentrer dans la salle d'audience.

Je vis tout de suite à la mine du jury que mon affaire était claire, je tournai machinalement les yeux vers l'auditoire et j'aperçus sur les visages comme un sourire de satisfaction, cela me confirma dans mes idées, du reste mon attente ne fut pas de longue durée.

On me condamna à mort !

. . . .

Pour m'en aller, un des gendarmes voulut me

donner le bras, craignant sans doute que je ne tombasse en faiblesse.

Il insista.

— Laissez-moi! Avez-vous peur que je me sauve ? lui dis-je.

— As-tu les menottes, dit le gendarme à son camarade.

Je tendis mes mains, et lui dit : — Faites !

Les gendarmes me prirent par chacun un bras.

A ce qu'il paraît, la plus grande surveillance avait été recommandée dans le couloir, car je remarquai que devant chaque porte, il y avait des individus d'assez mauvaise mine.

J'arrivai à ma cellule non sans avoir été quelque peu poussé par les gendarmes; la porte s'ouvrit et se referma aussitôt.

Voici du reste le procès-verbal, il me dispensera d'expliquer ce que je ne me rappelle qu'assez confusément :

« Troppmann arrive conduit par les gendarmes; on l'introduit aussitôt dans la cellule n° 1 (et non 17), — où l'attendaient MM. Claude, chef du service de sûreté; Souvras, brigadier; Grosbon, directeur; Vimont, greffier; Maxime Ducamp, homme de lettres, et trois gardiens.

— Eh bien ? interroge M. Claude.

— J'y suis!... à mort; je m'y attendais, répond Troppmann en souriant.

« — Il faut vous déshabiller, dit un gardien ; je vais vous aider.

« — Ah ! je n'ai pas besoin de vous.

« Et gaiement il se déshabille entièrement; on lui passe une chemise, les vêtements de détenu, puis la camisole de force.

« — Pourquoi cet appareil? dit Troppmann, ça me serre trop.

« — La loi exige qu'on vous mette cette camisole, dit le greffier, M. Vimont.

« — Elle est si ingénieuse, votre loi, répond le condamné d'un ton sarcastique.

Comment ferais-je pour manger? demande-t-il.

« — On vous fera manger, dit un gardien.

« — C'est ça, on me donnera la becquée comme à un petit oiseau. — Ah ça, est-ce que tout ce monde-là va rester ici? s'écrie-t-il.

« J'ai soif! ajoute-t-il.

« On lui donne un verre d'eau rougie qu'il avale avec avidité; une seconde après il pâlit et tombe dans un état de presque complète prostration. Il se jette sur son lit et, la face tournée du côté du mur, il s'endort profondément. »

La camisole dont je fus revêtu est de petite taille, elle a servi, m'a-t-on dit, en dernier lieu à Lemaire.

Je me couchai; mais ai-je dormi, je ne saurais le dire.

Le lendemain de ma condamnation, je n'avais pas, comme d'habitude, quitté mon lit de bonne heure ; un gardien s'approcha de moi, et me demanda si je souffrais. Je tournai la tête, et je répondis : « Dites-moi ce que je dois faire : la loi me force-t-elle à me lever de suite ? — Non. » Et on me laissa au lit. Par esprit de contradiction, je sautai à bas de mon lit ; on me donna du chocolat ; je l'acceptai, puis le refusai ensuite. On me dit : « Mangez donc, cela donne des forces. — J'en ai, » répondis-je simplement.

Je demandai ce qu'il faut pour écrire ; un gardien me taillait mes crayons. J'ébauchai plusieurs lettres à ma mère, à mon défenseur. Je n'en finis aucune.

. . . .

Je ne voulus pas attendre les trois jours de délai, je signai mon pourvoi en cassation.

Cette formalité remplie, on transfère les condamnés à la Roquette, autrement dite *le Dépôt des condamnés.*

Je subis la loi commune : on me fit monter dans le panier à salade, et fouette, cocher, en route *pour la dernière étape.*

IX

La dernière étape.

——

A mon arrivée à la Roquette, je fus reçu par le directeur, M. Laroche d'Oisy, et le greffier de service, M. Sinibaldi.

Pendant qu'on m'écrouait, j'étais assez gai : était-ce le changement d'air, l'espérance?

Je n'en sais rien.

Je demandai qu'on ne me fît pas languir; je les priai d'activer l'exécution.

Je fus enfermé dans une cellule avec deux gardiens.

La cellule est très-vaste et parfaitement aérée.

Les gardiens ont l'air de bons enfants. Je n'aime pas beaucoup les nouveaux visages; mais je fus vite à mon aise avec eux.

Devant ma cellule, il y a un petit jardin avec quelques petits lilas, maigres, tristes, comme tout ce qui est muré.

Cette pauvre végétation est plus faite pour inspirer la tristesse que pour récréer le pauvre prisonnier.

On me promène autour d'eux tous les jours.

En ont-ils vu passer, mon Dieu!

Quand il pleut, on me fait faire mon tour sous les arcades qui forment une espèce de qua-drilatère.

C'est froid, glacial; je préfère ma cellule.

Le matin du jour de l'an, le porte-clefs, en faisant sa tournée, entra *chez moi*. « Vous ne me souhaitez donc pas la bonne année? lui dis-je en riant.

« — Non, répondit l'homme; je me contenterai de vous souhaiter un bon voyage! »

J'ai pâli, car ce grand voyage, c'est l'inconnu.

Outre les deux gardiens, j'ai dans ma cellule un soldat, relevé d'heure en heure. Ce soldat m'ennuie; il me rappelle mon frère. J'ai beau chasser ce souvenir de ma pensée, il revient sans cesse.

Il existe un règlement dans la prison. On ne doit pas répondre au condamné lorsqu'il questionne sur les affaires du dehors; mais on cause volontiers avec moi sur des sujets indifférents.

Découverte du cadavre de Kinck père dans la forêt.

C'est ainsi que j'ai pu me renseigner sur les *passagers* qui m'ont précédé dans la loge que j'occupe : c'est Momble, l'assassin de Saint-Denis qui l'a habitée le dernier.

Momble m'intéresse peu : c'était un crétin.

Un matin, je dis à mon gardien : « C'est grand dommage que les murs ne puissent pas parler, ils nous en apprendraient de drôles. »

Mes gardiens n'aiment pas ces sujets de conversation ; je m'aperçus que cela les contrariait.

Je leur demandai s'ils préféraient me voir triste.

— Non ! me répondirent-ils, mais nous pourrions parler d'autres choses.

Il est deux hommes qui m'intéressent beaucoup : Lemaire et Couty de Lapommerais.

Lemaire était un jeune homme de mon âge ; je me rappelle parfaitement avoir lu son jugement : il est mort bravement, courageusement.

Une chose me préoccupe ; je désirerais vivement savoir de mes gardiens ce que faisait Lemaire pendant ses derniers moments.

Impossible de rien tirer de personne.

Lapommerais attire toute mon attention ; c'est étrange, l'attraction que ce personnage exerce sur moi ; je m'étonne qu'un homme qui avait reçu une aussi grande instruction, se soit rendu coupable d'aussi odieux assassinats, ce qui m'étonne davantage, c'est qu'il soit mort lâchement.

Le grand inconnu lui a fait peur.

Si moi, j'avais été dans une telle condition, je serais parvenu, parvenu quand même par le travail, par le vrai, car une de mes qualités est de n'être pas paresseux.

J'ai toujours travaillé, levé tôt, couché tard, jamais la besogne ne m'a effrayé.

Hier, 4 janvier, j'ai écrit à M. Claude, pour l'informer que je voulais faire de nouveaux aveux, que j'étais résolu à dire où était le portefeuille.

M. Claude se rendit à mon appel, accompagné de M. Souvras et d'un personnage assez bien mis.

Je saluai mes visiteurs, mais malgré la question que l'on m'adressa, je restai dans le mutisme le plus complet.

J'ai été très-abattu ce jour-là.

Le lendemain, j'écrivis encore une fois à M. Claude.

Voici ma lettre :

Prison de La Roquette, 5 janvier.

« Monsieur Claude,

« Je regrette que vous ne soyez pas venu me voir seul avec M. Souvras, et que vous ayez amené une personne étrangère, je vous aurais donné de nouvelles indications qui vous auraient peut-être amené à découvrir le nom de mes complices, mais je vous dirai cela demain.

« J.-B. TROPPMANN. »

Le lendemain, M. Claude vint, mais j'étais malade, j'avais rêvé que mes complices tueraient ma famille si je parlais, je donnai à M. Claude, pour raison, que j'étais mal disposé.

Néanmoins, je lui remis une lettre pour le procureur général.

Prison de La Roquette, 6 janvier.

« Monsieur le procureur général,

« Je m'adresse à vous pour la dernière fois, afin de vous demander de vouloir faire recher-

9.

cher le portefeuille qui contient le nom de mes complices et dont j'ai indiqué l'endroit où il se trouve. Pour un homme dans ma position, c'est le moins que vous puissiez faire.

« J.-B. TROPPMANN. »

M. Souvras vint un jour me voir seul. Je lui dis que je voulais lui donner une preuve d'amitié, et que j'allais lui indiquer où était le portefeuille de Kinck.

Je pris une feuille de papier et je dessinai un plan indiquant la route à suivre pour aller de Cernay au pied de l'arbre, je lui dis que le portefeuille était en cuir noir, enveloppé dans un mouchoir à carreaux rouges, enterré à une profondeur de vingt centimètres environ.

Quand j'eus achevé mon plan, M. Souvras me fit observer que je ferais mieux de dire le nom de mes complices, que certainement alors la justice ordonnerait des recherches.

Je lui dis : « Non, trouvez le portefeuille d'abord. »

Pour me désennuyer, et quand je veux rendre mes gardiens causeurs, je leur parle mécanique, je leur raconte que j'ai une *invention* qui rendrait un service immense à l'humanité, surtout aux pauvres gens : mon invention est une *sangsue mécanique!*

Cela les fait rire.

L'un d'eux fit même la réflexion que je choisissais singulièrement mes sujets.

Ce n'est pas ma faute : l'inventeur va où son imagination le conduit, et quelquefois les idées qui paraissent les plus grotesques sont celles qui réussissent le mieux et qui sont appelées à rendre le plus de services.

Les inventions, c'est toujours l'histoire de l'œuf de Christophe Colomb, il ne s'agissait que d'y penser.

Je ne me plains jamais du régime de la prison. Je n'ai pas voulu manger autre chose que ce qu'on donne d'ordinaire aux condamnés, cependant j'accepte volontiers ce que me donne l'abbé Crozes et particulièrement du café le matin.

Ce brave curé vient me voir tous les jours. J'ai confiance en lui.

J'ai reçu une visite qui m'a fait énormément de peine, celle de l'abbé Dorner, le curé de Cernay, qui m'a fait faire ma première communion.

Pendant cette entrevue, ce brave homme, qui est venu exprès du pays, m'a tant parlé de ma famille, que j'ai éprouvé une grande émotion, j'ai pleuré, mais pleuré abondamment.

Cela m'a fait du bien.

Il m'a dit qu'il reviendrait.

M. Lachaud et M. Bozerian sortent de ma cellule; ils m'ont consolé et m'ont dit qu'ils comptaient que mon jugement serait cassé.

— Bah! leur ai-je répondu, qu'on en finisse vite, puisqu'ils ne veulent pas chercher le portefeuille.

Pourtant, si mon jugement était cassé?

Il faudrait recommencer l'instruction, me renvoyer devant une autre cour.

Cela demanderait trois mois, l'émotion populaire est calmée.

Qui sait!

Si le temps est de l'argent, c'est aussi l'espoir.

Mes journées se passent tristement depuis quelques jours.

Cette horrible *machine* de force me gêne; je me suis informé pourquoi on l'appliquait aux condamnés; comme on ne me répondait pas, j'ai ajouté: « Je comprends, il arrive, n'est-ce pas? qu'un condamné affolé par le désespoir songe à se suicider? la camisole de force paralyse les mouvements, et le met dans l'impossibilité absolue d'exécuter son projet; mais, m'écriai-je, si je refusais toute nourriture, si j'avais assez d'énergie pour mourir de faim, si je m'étouffais avec ma langue....»

Un gardien me répondit:

— Ça ne ne se peut pas.

— Vous avez bientôt répondu, c'est facile à dire : ça ne se peut pas.

— Par la violence même, on empêcherait le condamné d'agir ainsi. A son énergie, on opposerait une énergie plus grande.

Je devins songeur, mais j'ajoutais aussitôt :

— Je me souviens d'avoir lu autrefois qu'à l'époque où les supplices existaient, il y avait un de ces supplices appelé la *question*...

On vous forçait, par exemple, à boire de l'eau, est-ce que c'est ainsi que l'on procéderait ?

C'est un mauvais moyen, l'homme résolu mourrait malgré tout, il se laisserait étouffer par le bouillon qu'on l'obligerait à boire sous le prétexte de lui conserver la vie.

J'ai fait demander l'abbé Crozes, il est venu tout de suite ; il m'a parlé avec tant de douceur, tant de bonté que j'ai pleuré.

Cet homme est un saint, c'est bien l'idéal du prêtre comme je l'ai lu dans le *Juif Errant*.

Il parvient au greffe un grand nombre de lettres qui portent, chose bizarre, sur l'enveloppe ce mot : *personnelle*.

Mes correspondants sont donc bien naïfs. Est-ce qu'un condamné a quelque chose de *personnel!*

Est-ce que j'ai le calme?

Ai-je un instant de solitude?

Non ! on me surveille constamment comme le dompteur épie ses fauves ; au moindre mouvement, les gardiens sont prêts.

On m'écoute respirer, dormir ; il faut que *je vive!*

Mourir par le suicide ne serait pas assez, il faut que je meure deux fois, une d'angoisses, l'autre, la vraie alors.

Et puis, depuis six mois, la foule avide, la foule idiote de la Cour d'assises a retenu ses places, numéroté les pavés qui environnent la sanglante machine, elle veut sur mon visage épier les derniers tressaillements de l'agonisant. Pour eux, une exécution, c'est une fête, on s'est civilisé, ils ne boivent plus le sang, mais ils aiment à le voir verser, c'est toujours ça.

J'ai assisté à une exécution, on danse, on chante, on boit, on fume, c'est comme à une foire.

S'ils font autant de bruit qu'ils en ont fait à l'exécution de Lapommerais, je pourrai les entendre d'ici, je pourrai entendre le bruit des maillets enfonçant les boulons dans les planches.

Ça m'est égal, je n'ai pas peur, et si je suis une

bête féroce, j'ai une consolation, les cent mille personnes qui viendront voir tomber le fatal couteau sont aussi féroces que moi.

— Du calme, me dit un gardien, ému par mon agitation; du calme, vous n'avez pas besoin de vous fâcher.

— M. de Paris m'en donnera.

Me Lichand, défenseur de l'assassin.

X

Conclusion.

—

Notre confrère Timothée Trimm a reçu la
lettre suivante, qu'il a publiée dans le *Petit
Moniteur* du vendredi 7 janvier :

Cernay, 4 janvier 1870.

« Monsieur Timothée Trimm,

« En présence de tant de faits racontés et
tournés par leurs narrateurs comme bon leur
semble, sans aucun respect pour la vérité, ni
aucun égard, je ne veux pas dire pour un cou-

pable, mais même pour les innocents, je ne crois qu'obéir à un sentiment de justice en vous faisant connaître la vérité.

« Depuis longtemps on ne se contente plus de rapporter journellement toutes les paroles, tous les gestes, jusqu'à toutes les pensées qu'on prétend lire sur le visage de mon frère, on ne se contente pas de faire force réflexions philosophiques, qui sont, pour la plupart, dénuées de bon sens; on ne se contente pas, non plus, de voir le coupable puni du châtiment le plus terrible, il faut encore ravir à sa famille le peu d'honneur qui lui reste.

« J'ai toujours respecté la justice, ainsi que tout homme qui, en démontrant combien est terrible le châtiment du coupable, a l'intention d'arrêter bien des malheureux dans la voie fatale qu'il a suivie; mais je trouve une certaine différence entre la justice et les bourreaux : la première se compose de personnes respectables, impartiales, n'agissant que pour le bien de la société; les seconds, au contraire, ne sont, pour la plupart, que des gens abrutis, qui, incapables de trouver leur subsistance dans une carrière paisible et laborieuse, cherchent leurs ressources dans le sang et dans le malheur de leurs semblables. Je ne voulais pas parler des bourreaux. Je les confonds avec des personnes qui remplissent un sale amalgame, et qui ont passé leur existence dans cet air sombre et épais des prisons, qui est si peu favorable au développement de l'intelligence, de ces personnes qui, néanmoins, se permettent de semer partout la critique et le mal, ou plutôt, puisqu'il y a deux espèces de bourreaux exécuteurs : je parle des premiers. Il faut du cœur à celui qui juge, à celui qui exécute, il faut qu'il lui manque.

« Si l'on n'a pas de pitié pour le malheureux, qu'au moins on ne l'accable pas et qu'on pense que le plus honnête et le plus juste commet des erreurs. Une fois lancé dans la critique, on ne connaît plus de bornes : on publie les lettres, les paroles, les pensées même de l'accusé; on y ajoute maintes paroles qu'on rattrape sur les marchés ou dans les cabarets, qu'on prétend, avec un sang-froid de gendarme, être très-authentiques. Et puis, ne pouvant satisfaire l'avidité du public, on confie le secret des lettres de toute sa famille aux journaux, tout en se réservant le droit d'en interpréter le sens à son aise.

« Je n'ai peut-être pas le droit de me plaindre ; aussi, je ne le fais pas. Qu'il me soit permis seulement de dire qu'on n'a pas assez su distinguer les innocents du coupable et que même le coupable, lorsque la justice l'a atteint et que sa mémoire est flétrie à jamais, ne soit pas affligé encore par la connaissance de publications sur son compte qui s'écartent bien de trop des limites qu'assigne la vérité.

« Il est à regretter que la justice n'impose pas le silence à des personnes qui ne connaissent pas la portée de leurs paroles. Aussi en vous adressant la présente je ne ne me crois poussé que par la loyauté. La famille aurait pu profiter des offres qui lui ont été faites, mais elle ne l'a pas voulu. Un photographe s'était présenté pour demander à ce que nous engagions l'accusé à se laisser photographier ; il nous offrit la moitié de tous les bénéfices qui résulteraient de la vente des portraits, mais la famille ne voulut pas profiter de la perte même d'un de ses enfants, et refusa cette offre généreuse, afin de ne pas avoir la honte de voir étaler à toutes les fenêtres un souvenir de son malheur.

« A force de promesses, la justice parvint à décider l'accusé à se laisser photographier, et aujourd'hui nous avons le regret de voir les portraits de mon malheureux frère placés à toutes les vitrines des marchands. Je m'abstiens de réflexions à ce sujet, à chaque honnête homme de distinguer lui-même le juste de l'injuste.

« En insérant la présente lettre dans votre estimable journal, vous me feriez un grand plaisir.

« J'ai l'honneur, monsieur le rédacteur, de vous présenter l'assurance de mes sentiments très-respectueux.

« *Signé :* E. TROPPMANN.

Cette lettre émane évidemment d'un cœur honnête et généreux, mais elle fourmille d'erreurs.

Il n'est entré jamais dans l'esprit de personne, à Paris du moins, de confondre le coupable qui vient d'être frappé par la loi d'une peine si terrible avec le restant de la famille.

A chacun selon ses œuvres.

Si l'on s'est tant appesanti sur le crime de Pantin, ce n'était pas pour connaître les faits et gestes du criminel, c'était pour, dans l'avenir, en prévenir le retour.

Troppmann a acquis une triste célébrité; il s'est volontairement livré au public; il lui appartient de droit, mais je le répète :

A chacun selon ses œuvres.

Tous les membres d'une famille à l'exception d'un seraient des assassins, que le survivant ne serait pas pour cela responsable; tant pis pour ceux qui ne le comprennent pas ainsi.

Cette lettre reproche aux journalistes de n'avoir pas pitié du malheureux; ce n'est pas la pitié qui manque, mais elle est annihilée par la grandeur du crime.

Troppmann a-t-il eu pitié de ses victimes?

Non!

Un mot de repentir est-il venu à ses lèvres, pendant les audiences?

Non!

Quand les médecins légistes énuméraient l'état

dans lequel ils avaient trouvé les victimes, a-t-il
pâli, tressailli seulement ?

Non !

Quand le président lui demanda : « Est-ce que
les noms de ces pauvres enfants que j'évoque ne
vous disent rien, » baissa-t-il la tête ?

Non !

La pitié ! En a-t-il eu pour ses sœurs dont l'une
est morte à la peine ; l'a-t-elle arrêté sur la pente
et dans l'accomplissement de son crime ?

Non !

Le souvenir de sa mère qu'il adorait a-t-il arrêté son bras, a-t-il eu pitié pour ses cheveux
blancs ?

Non !

La pitié, nous la réservons pour l'auteur de
la lettre et pour sa famille, nous n'en aurons pas
trop, car son malheur est grand.

Ch. V.

L'EXPIATION

—

Mercredi 19 janvier, à six heures et demie du matin, M. Claude, chef du service de la sûreté, et le vénérable abbé Crozes, aumônier de la prison, pénétraient dans la cellule du condamné. Ils avaient été précédés par des gardiens et le greffier du procureur impérial.

En entrant dans la cellule, ils croyaient, suivant la coutume, trouver le prisonnier endormi; au lieu de cela, Troppmann était assis entre ses deux gardiens, et il écrivait.....

Au bruit que firent les visiteurs, il se retourna, regarda, mais sans émotion apparente ; il était surpris, mais non abattu.

Il repoussa dans un tiroir de sa table la lettre qu'il écrivait.

M. Claude lui annonça le refus de ses deux pourvois.

— Bien, dit simplement Troppmann.

On lui demanda si en face de la mort, au moment suprême, il voulait avouer.

— Non, répondit-il, mais j'ai eu des complices.

— Nommez-les?

— C'est inutile.

L'on procéda à son déshabillement. Troppmann, sans le secours de personne, revêtit les habits qu'il portait à la cour d'assises.

Il remit alors à M. Claude la lettre qu'il écrivait quelques instants auparavant, et le pria de la faire parvenir à son frère; il ajouta:

— N'oubliez pas de la mettre sous enveloppe.

Cette remarque prouve qu'il jouissait parfaitement de son sang-froid,

On sortit de la cellule.

Pour se rendre à l'avant-greffe, il faut passer par un escalier en colimaçon qui compte vingt-six marches, traverser un couloir de cent mètres, puis redescendre encore vingt-six marches.

Le cortége funèbre arriva à la salle de la dernière toilette.

C'est une salle longue d'environ vingt mètres, large de deux. Pour tous meubles un banc de bois, un pupitre et un escabeau. Le condamné entra par une porte située au fond; il se plaça de lui-même sur l'escabeau. Dans l'hiver les apprêts se font à la lumière, le prêtre lit à haute voix un chapitre de son bréviaire; cependant les autres accomplissent leur lugubre besogne.

On lui entrave les jambes avec une courroie en peau de buffle qui se boucle au-dessus de la cheville. L'on enlève alors la camisole de force et l'on procède à la ligature des mains sur le dos. Deux courroies prennent les épaules pour venir s'attacher plus bas à celle qui réunit les poignets. Les courroies sont sanglées de façon à obliger le condamné à porter la poitrine en avant et à effacer les épaules.

Une dernière ligature, partant des poignets, vient rejoindre l'entrave des jambes, de telle sorte que tout mouvement du corps en avant est absolument impossible.

Quand même le condamné serait dans un état de prostration complète, ce système le force à regarder l'échafaud en face. Ce fait trompe bien des gens sur l'attitude du mourant.

Tandis qu'on lui entravait les pieds, Troppmann n'a pas sourcillé, il était calme, froid, il semblait dire aux aides : « Dépêchez-vous..... » Pourtant quand on lui mit la main sur la tête pour la pencher en avant, afin de faciliter la coupe des cheveux, une décomposition commença à se produire dans sa physionomie.

Cette toilette dure environ quarante minutes ! un siècle pour le patient.

Quand Troppmann releva la tête, il était méconnaissable, ses yeux, de brillants, étaient devenus ternes, vitreux, presque éteints, les veines de son cou étaient gonflées, et le sang battait les tempes, soulevant la peau d'une manière effroyable.

L'exécuteur lui fit signe qu'il fallait se mettre en marche. Troppmann se leva roide, mais sans chanceler, et il traversa la cour aussi rapidement que le lui permettaient ses entraves.

Quand la porte de la prison s'ouvrit, au lieu de reculer comme on l'a imprimé, il redoubla sa marche ; mais aucun muscle de son visage ne tressaillit à la vue de la fatale machine.

Au pied de l'échafaud, il embrassa le digne aumônier, puis d'un pas ferme il gravit les degrés ; arrivé au milieu, il se retourna et cria d'une voix forte :

— « Dites à M. Claude que je PERSISTE.

Une fois sur la planchette, il fit un soubresaut qui reporta le corps sur le panier placé à droite, le bourreau ramena le corps dans une position régulière, et au moment d'abaisser la lunette, Troppmann ayant violemment rejeté la tête en dehors, le bourreau la rabaissa de force, et, sans la lâcher, il pressa la détente... le couteau tomba avec un bruit sourd, un éclair, un flot de sang, Troppmann avait vécu, mais en mourant, dans une lutte rapide, il avait mordu l'exécuteur au doigt.

La foule s'écoula lentement, joyeusement, en chantant ; le terrible spectacle auquel elle venait d'assister était déjà oublié.

A une autre fois.

Le corps de Troppmann a été remis à sa famille.

Cette exécution est-elle le dernier mot de cette lugubre histoire, de cette épouvante tragédie ?

Je ne le crois pas, Troppmann est mort avec son secret, il nous reste la Providence !

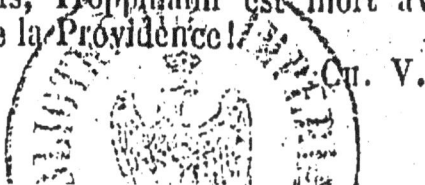

CH. V.

LES
BRIGANDS CÉLÈBRES

UN JOLI VOLUME
D'ENVIRON 400 PAGES AVEC GRAVURES

—

PRIX : 1 FRANC

—

Ce volume contient : **Cartouche, Louison Cartouche, Balagny, José Maria, Jack Scheppard, Mandrin, Schinderhannes, Picard, Julie Blasius, Fra-Diavolo**, etc., etc.

Le livre des BRIGANDS CÉLÈBRES est tou nouveau, il n'en existe pas de plus dramatique et de plus intéressant. A côté d'aventures terribles qui font frémir d'horreur, se trouvent des anecdotes plaisantes qui ramènent la gaîté dans le cœur du lecteur. Les gravures représentent des portraits et des épisodes de la vie des Brigands célèbres.

———

NOTA. — Pour recevoir de suite, *franco*, par la poste le volume des *Brigands Célèbres*, adresser par lettres affranchies, 1 fr. 20 c., soit en timbres-poste soit en un mandat sur la poste, à M. ALFRED DUQUESNE, éditeur, 16, rue Hautefeuille, à Paris.

TABLE DES MATIERES